직감의 동선

천지윤

**TOILET
PRESS**

목차

작가 서문　　　　　　　　　　　　　　　　　　　　　　　　　　4

지난 10년, 구운몽
꿈, 물거품, 이슬, 번개　　　　　　　　　　　　　　　　　　　　8

미국 로스앤젤레스
가능성과 우연성　　　　　　　　　　　　　　　　　　　　　　30
꿈의 길　　　　　　　　　　　　　　　　　　　　　　　　　　35
연꽃잎과 비창　　　　　　　　　　　　　　　　　　　　　　　42
에밀리의 마법주문, Fake it till you make it!　　　　　　　　　47
Stay in Music!　　　　　　　　　　　　　　　　　　　　　　55
Stay in Open Mind!　　　　　　　　　　　　　　　　　　　　62
여행은 재미있고 신비로우니까요.　　　　　　　　　　　　　　70

쿠바 하바나
쿠바, 체 게바라, 올드카 그리고 관광허가증　　　　　　　　　　77
쿠바와 나, 미움 받을 용기　　　　　　　　　　　　　　　　　83
쿠바의 낭만은 어디에?　　　　　　　　　　　　　　　　　　　90
쿠바의 마법, 루프탑 공연　　　　　　　　　　　　　　　　　　95
쿠바에는 쿠바만의 시간이 흐른다.　　　　　　　　　　　　　100
이것이 쿠바다!　　　　　　　　　　　　　　　　　　　　　　105
Vapor156 Hotel, 친절이란 이름의 하얀 손수건 같았던　　　　107

일본 도쿄
츠타야서점과 해피앤딩 112
당신을 부검한다면 무엇이 나올까요? 116

미국 뉴욕
어떻게 살 것인가 vs 어떻게 여행할 것인가 123
MOMA 그리고 환기 131
Finding My Little Boy 135
나와 너의 행복감에 대하여 144
자기만의 빛 154
Who Knows? 163

추천사 166

편집자의 글 170

작가 서문

첫번째 책 『단정한 자유』를 통해 음악가에서 작가로 새로운 존재가 되었다. 존재를 운운하니 거창하지만 음악가와 작가로 살아보며 비슷하고도 다른 두 세계를 경험하게 되었다.

오래 전 음악은 언어 이상의 것을 표현한다는 문장을 악보 어딘가에 적어놓았던 기억이 있다. 언어의 세계를 갈구해왔기 때문이고, 언어의 세계를 뛰어넘는 음악을 만들고자 하는 갈망 때문이었을 것이다. 형언할 수 없는 세계를 만드는 것이 음악이고 그것을 글로 표현하는 것이 문학이니 음악과 글 사이를 오가는 것은 두 개의 날개를 갖는 일이라 생각한다.

음악과 글. 두 날개를 다는 것 이상으로 엄마와 예술가 두 존재로 살아간다는 것은 멋진 일이다. 『단정한 자유』에 딸로서 보살핌을 받아온 이야기가 있다면 이 책에는 엄마가 되어 아이를 보살피는 이야기가 있다. 새로운 존재로의 탄생이다. 그 과정이 쉽지만은 않았고 분투와 고생이 필요했다. 시간을 헌신하는 것만큼 정직한 것은 없다는 믿음이 생겼다. 쌓아올린 시간들이 나를 여기까지 데려다 주었으며 쌓아올리고 있는 시간들은 나를 새로운 곳에 데려다 줄 것이다.

살아온 길 위에서 엄마와 예술가 두 존재를 오가며 행복감을 느낀만큼 선물처럼 펼쳐진 여행길 위에서 음악을 하고 글을 쓰며 충만함을 느낀 순간도 많았다.

살아온 시간들에 이름표를 붙여주고 보물찾기 하듯 의미를 발견하는 시간들이 좋았다. 내 삶에 대해 해석해 나가고 앞으로 살아갈 시간들에 대해 자유롭게 꿈꾸게 된 것도 글쓰는 시간이 준 선물이다.

삶과 여행, 음악과 글을 통해 내 안에서 쏟아져 나온 것은 꿈이다. 이 책이 미지의 독자분들에게 꿈의 불씨로서 다가갈 수 있다면 더없는 영광이겠다. 잠자고 있던 꿈을 흔들어 깨울 수 있기를. 지금 쌓아가는 시간이 꿈의 항로를 향하고 있는지 질문하고 마음의 불씨를 뒤적거릴 수 있다면 좋겠다.

책을 함께 써 내려가 준 아들 도현에게.
귀한 정신적인 유산을 물려주신 어머니께.
책을 세상에 내놓을 수 있도록 물심양면 지원해주신
토일렛프레스 안나 대표님께 감사와 사랑을 전한다.

봄은 만날 때마다 경이롭다.
남산을 수놓은 꽃의 향연에 감격스럽다.

새로운 존재로 태어나고 다시 태어나기를.

2024년 4월
남산도서관에서 천지윤

일러두기
본문에 등장하는 도서명은 『코스모스』처럼 겹낫쇠(『』)를 사용하여 표기하였다.
영화, 작품명은 홑화살괄호(<>)를 사용하여 표기하였다.
작가가 생각한 내용이나 대화를 간접인용 할 때는 작은 따옴표를 사용해 표기하는 것이
원칙이나, 되도록 그렇게 표기하지 않았다.

지난 10년, 구운몽

꿈
물거품
이슬
번개

꿈, 물거품, 이슬, 번개

"세상만사 모두 꿈같고, 물거품 같으며, 이슬 같고, 번개 같으니…."

김만중의 소설 『구운몽』 마지막 대목에는 『금강경』의 문장이 등장한다. 꿈, 물거품, 이슬, 번개는 찰나에 사라지는 것들을 은유한다.

비몽사몽

소설『구운몽』을 만나게 된 것은 공연을 통해서다. 2022년 여우락 페스티벌에 새로운 작품을 올리게 되었다. 페스티벌 프로듀서의 소개로 상흠을 만나게 되었다. 상흠은 홍대 음악씬을 기반으로 성장해온 인디 뮤지션이다. 일면식도 없는 사이였지만 페스티벌 기획에 의해 천지윤X상흠 듀오가 탄생하게 되었다. 초면에 두서 없이 작품 구상에 관한 회의에 들어갔다. 교집합 지점을 궁리하다 프로듀서가 보내준 상흠의 <구운몽>이 떠올랐다. <구운몽>은 전자음악과 전통음악이 섞여있는 음악이다. 신비로운 기체 속에서 상흠은 디제잉을 하고 다른 한명의 뮤지션은 태평소를 부는 뮤직비디오가 인상적이었다.

<구운몽>은 실마리를 던지는 듯했다. 살아온 환경과 음악적인 백그라운드가 전혀 다른 우리는 김만중의 소설『구운몽』을 출발점으로 새로운 음악을 만들어보고자 의기투합 했다. 상흠의 <구운몽>이 가진 음악적 요소에서 확장 가능성을 느꼈고,『구운몽』이 한국전통문학이란 점에서 전통적인 소재를 풍부하게 길어올릴 수 있으리라 생각했다. 2022년 여름 <비몽사몽> 이라는 작품이 탄생했고, 국립극장 여우락 페스티벌 초청작품으로 올려지게 되었다.

구운몽

『구운몽(1687)』은 17세기 소설이다. 고리타분하지 않을까? 하는 선입견을 깨끗하게 정리해준 근사한 고전. 이야기의 배경과 전개를 보자면 시공간을 초월하는 SF소설로 느껴지기도 한다. 주인공 양소유는 부귀공명, 2명의 처와 6명의 첩과의 사랑, 자손 번창까지 세상에서 좋다는 것을 모두 얻는다. 전쟁에 나가면 승리하고 왕의 사위가 된다. 미녀들이 줄지어 사랑을 고백하고 그가 거느린 8명의 여인들은 사이좋게 지낸다. 소설을 읽으며 통쾌함을 느꼈다. 하는 일마다 대성공을 거두고 사랑이나 연애도 내 뜻대로 다 되고 자식농사까지 잘 지어진다면 얼마나 좋을까? 상상만으로도 속이 시원하다.

소설의 엔딩은 뜻밖이다. 생의 끝자락에 선 양소유는 지는 노을을 바라보며 생의 허무함을 느끼며 오열한다. 팔선녀와 함께 『금강경』의 게송 중 "세상만사 모두 꿈같고, 물거품 같으며, 이슬 같고, 번개 같으니⋯."를 읊으며 열반에 드는 것으로 소설은 마무리된다. 『구운몽』은 나의 일상 속에 물음표를 던지곤 했다. 양소유는 왜 모든 것을 이루고도 오열했을까? 인생이 꿈, 번개, 이슬, 물거품과 같다니? 와 닿지 않는다. 인생을 허무나 공(空)사상으로 이해하기에 나는 삶에 대한 사랑과 집착이 깊다.

마지막 장면에 동의할 수는 없지만 인과관계와 논리를 건너뛰며 황당무계하게 펼쳐지는 서사가 마음을 흔들었고, 책장을 덮을 때 즈음 『구운몽』의 거침없는 상상력에 열광하게 되었다. 『구운몽』에서 대담하게 펼쳐지는 이야기는 나의 음악과 삶에 상상력을 불어넣기 시작했다. <비몽사몽>을 캔버스 삼아 EDM(Electronic Dance Music)과 해금이 만나는 시도를 했고, 상흠의 작업실이 있는 세상 힙한 동네인 망원동에 출근하듯 다니게 되었다. 작업을 마친 후 망원시장도 구경하고, 망원동 맛집도 다녔다. 삶에 대한 작은 시도라면 상흠에게 타투이스트를 소개받아 오른쪽 팔에 타투를 한 것이다. 『구운몽』의 팔선녀가 요술봉을 들고 연꽃에서 뾰로롱 튀어나온 일러스트다. 선녀가 팔에 새겨지니 『구운몽』적인 삶이 내게 온 듯 했다. 거침없이, 과감하게라는 단어도 마음에 새겼다.

불씨

『구운몽』은 잠자고 있던 꿈의 불씨를 뒤적여주었다. 뜬구름 잡는 질문을 내 삶에 소환하기 시작한 것이다. 운(雲)과 몽(夢). 구름처럼 떠 있는 꿈. 난 어디로 가고 있지? 어디로 가고싶지? 어떤 인생을 원하지? 아이 양육과 나의 일을 병행하며 경주마처럼 달리던 나는 멈추어 스스로에게 질문하기 시작했다. 음악을 만들고 『구운몽』이라는 텍스트를 진하게 통과하며 겪은 변화이다.

불제자 성진은 양처사집 아들 양소유로 환생한다. 그는 과거 시험을 보러 집을 떠난다. 바다 용궁에도 가고 전쟁터에도 나가고 8명의 여성과 저마다 특별한 연애를 한다. 심지어 미녀귀신과 애달픈 사랑을 나누기도 한다. 길 위에서 다양한 삶을 역동적으로 겪어 나가는 것이다. 『구운몽』의 매력과 묘미는 양소유가 모든 것을 다 갖고 다 이룬 상태가 아닌 사건을 겪어나가는 과정, 삶의 과정 그 자체에 있음을 알게 된다.

『구운몽』속 이야기만큼은 아니겠지만, 현실의 삶 역시 인과관계가 그리 촘촘하지 않은지도 모르겠다. 필연만큼의 우연이 존재하는 것이 우주적 섭리 아닐까? 매일에 최선을 다하되 우연이라는 가능성에 몸을 맡겨 보자 마음 먹으면 어쩐지 편안해진다. 자유롭게 내 인생의 서사를 써 내려 가 보기로 한다.

꿈을 추구하며 삶을 실험해보자 같은 용기도 생겨난다. 마음이 이끌리는 작업이 떠오르면 시도해보고, 만나보고 싶은 사람은 만나러가고, 살아보고 싶은 도시가 있다면 떠나보자. 삶에 대한 상상력을 넓게 펼치며, 마음으로부터 솟아나는 삶을 살아내고 싶다.

양소유만큼 긴 세월을 산 것도, 스펙터클한 삶을 산 것도 아니지만 아이를 키우고 솔리스트로서 활동을 이어간 시간들이 찰나처럼 느껴진다. 눈 깜빡하는 사이 시간이 지나버렸다.

꿈, 물거품, 이슬, 번개

찰나를 은유하는 낱말들로 지난 시간을 돌아보고 싶다. 나아가기 위해서다.

꿈

20대 시절, 천경자의 『내 슬픈 전설의 49페이지』라는 책을 읽고 열정과 집념을 가진 예술가로 살아가고자 다짐했었다. 그녀는 한국 전쟁 이후 나라가 어수선했던 시절임에도 불구하고 아프리카며 뉴욕이며 낯선 땅으로 미술여행을 떠났다. 일생 뜨거운 사랑을 추구했고, 때론 크게 절망하고, 방황하는 가운데 모든 오르내림과 성공과 좌절을 예술세계로 표현해냈다. 고통에 찬 순간 뱀을 수십마리 그려내며 위기를 기회로 역전시키는 승부사 기질 또한 멋졌다. 대찬 기운으로 아이도 키우고 예술세계도 키워 나간 정열의 여인. 그녀는 그림만큼이나 글도 빼어나게 썼다. 나고 자란 남도의 풍성한 자연 환경과 그곳에 흐르는 가락의 질곡처럼 언어로 펼쳐내는 글의 향연은 때로는 시인 같기도 하고 무당의 공수 같기도 했다.

20대에는 음악에만 몰두해도 충분한 시절이었다. 종일 연습하다가 엄마에게 전화를 하면 밖에서 일을 보다가 뛰어 들어온 엄마는 지치지 말고 연습하라며 밥을 차려주셨다. 손으로 몸으로 악기를 잡고 있지 않은 시간에도 머리와 마음으로는 내내 연습을 하고 있었으니 내 골똘한 표정과 기운에 누구도 나의 몰입을 훼방 놓지 않았다. 듣고 싶은 CD를 방에 온통 늘어놓고 음반 사이를 까치발로 건너 다니며 이 음반 저 음반을 플레이어에 걸어놓고 실컷 귀를 호강시키던 때이다. 어떻게 하면 저 명인처럼 소리를 낼 수 있을까? 하는 진지한 탐구로 24시간을 오로지 나만을 위해 사용했다.

아이가 태어난 이후 새로운 시간을 살게 되었다. 음악 대신 아이를 돌봐야했다. 연습에 몰두할라치면 아이 밥상을 차려야 했고, 먹이기 바빴다. 손으로 몸으로 아이를 씻기고 입히고 데려다주고 데려오며 동분서주했다. 아이가 잠에 들어야 연습을 할 수 있으니 초저녁부터 집안을 한밤중처럼 연출하며 말똥말똥한 아이를 무작정 재웠다. 작업 시간을 확보하기 위해 하루라도 빨리 아이가 한글을 떼고 읽기 독립을 할 수 있도록 하는 것이 하나의 목표였다. 내 귀와 마음에 들어오는 정보는 아이에게 어떻게 하면 비싼 영어유치원을 보내지 않고도 영어적인 환경을 만들어줄 수 있을까에 대한 것이었다. 명반을 고르기 위해 촉각을 세우던 감각은 아이를 위한 영어 원서와 비디오 자료와 그림책 수집욕으로 흘러갔다.

끝나지 않을 것만 같았던 육아의 시기가 잘 지나가 주었다. 10년 동안 꿈을 잃은 적은 없었으나 꿈이 저 멀리 희미해지기도 했고, 꿈을 잃지 않기 위해 극성스레 뛰어다니기도 했다. 꿈 아닌 현실, 현실 아닌 꿈의 경계에서 한발씩 딛고 서있는 땅 사이가 혼돈스러워 이쪽 저쪽을 오가기도 했음을 고백한다.

아이가 만 10세가 된 지금, 솔리스트로 데뷔하고 예술세계를 키워나간 10년이 정확히 일치한다. 아이와 예술이 하나의 시간의 축을 공유해 온 셈이다. 나의 힘으로 보살피고 키워낸 첫 번째 시간의 궤적이다. 예술이 커야 하는 자리에 아이를 함께 키우며 아이를 키워야 하는 자리 한 켠에 예술을 키우며 나의 영토가 조금은 넓어졌다는 생각이 든다. 다행스런 일이다. 이 시간 동안 '예술가로 살아가겠느냐? 이래도 살아가겠느냐?' 하는 시험의 문턱을 몇 번쯤 넘은 것 같다.

재능과 노력과 정성을 다해 예술세계를 그려 보겠다는 꿈을 여전히 쫓고 있다. 지금도 좋은 공연을 보면 가슴이 열정으로 요동친다. 좋은 음악을 들을 때는 지난 날들보다 몇 배로 감응하는 심장을 느낀다. 노장 연주가가 무대 위에 의연하게 등장하는 모습만 보아도 존경심에 옷깃을 여미게 된다. 하여 음악을 들으며 우는 날이 전보다 많아졌다. 삶의 마디만큼 음악을 듣는 귀와 마음도 자라났기 때문일 거다.

경외하는 작가 천경자 선생님. 그녀의 예술 세계를 이끌어온 원동력은 꿈, 모정母情, 사랑이었다고 한다. 나 역시 받은 모정에 힘입어 예술가로 살아갈 수 있게 되었으며 아들에 대한 모정으로 현실에 대한 감각을 잃지 않고 힘껏 살아갈 수 있게 되었다. 모정은 일종의 광기와도 비슷한 면이 있다. 원래 내가 가진 힘보다 몇 배는 강력한 힘을 내게되는 마법이다.

꿈과 모정을 고운 보자기로 묶어주는 것은 사랑이다. 나 자신에 대한 사랑, 예술에 대한 사랑과 경외심, 내게 주어진 인생과 내게 온 사람들에 대한 사랑의 힘으로 자그마한 궤적을 그려올 수 있었다.

서울시립미술관은 세계적인 거장들의 전시가 열리곤 한다. 미술관에 크게 판을 연 기획전시를 보고난 후 천경자관을 빼놓지 않고 관람한다. 그림과 글 사이를 걷다보면 천경자의 자유로운 정신과 열정적인 삶에 기운을 받고 새로워진 마음으로 미술관을 나서게 된다. 오랜만에 여유를 갖고 찾아간 서울시립미술관 - 천경자관은 조도를 한껏 낮추어 관람에 보다 집중될만한 환경으로 정비되어 있다 - . 20대 시절 막연히 그 뜻을 알았다면 지금은 천경자의 세계에 등장한 꿈, 모정母情, 사랑의 의미를 살결로 느끼게 된다.

번개

이 작업을 꼭 하고 싶다. 꼭 해내고 싶다. 라는 생각이 번뜩 지나갈 때가 있다. 이 작품 좋다, 이 작곡가는 나를 성장시킬 것이다.' 뇌리를 스치는 감각이 있다. '지금 이 순간을 놓쳐서는 안될 것 같다.' 이성을 제치고 마음에 들어오는 소리가 있다.

보통 나의 작업은 소리 없이 하늘에 번쩍 뜨고 사라지는 번개처럼 다가오는 직감에 의지해온 것 같다. 순전히 나의 의지에 의해 움직여 온 작업들이다. 누구도 나에게 작업물을 빨리 내놓으라고 아우성친 적 없다. 당장 돈이 되기에 움직인 것이 아니고, 오히려 벌어 놓은 돈으로 작품을 만들어야 했다. 그렇게 만들어온 음반과 공연이 <관계항1 : 경기굿>, <관계항2 : 백병동>, <관계항3 : 시>, <여름은 오래 남아>, <잊었던 마음 그리고 편지> 다섯 개의 작품이다.

관계항 시리즈는 전통, 실험, 현대라는 세 꼭지점에 방점을 찍는다. 음악적 성취감과 호기심의 해갈, 소리의 다양성 확보와 같은 측면에서는 만족스러웠지만 외로웠다. 보다 부드러운 소통을 위해 만든 음반이 <여름은 오래 남아>, <잊었던 마음 그리고 편지>이다. <관계항>시리즈가 나에게 대학 강단에서 학생들을 만나 해금으로 소통할 기회를 주었다면, <여름은 오래 남아>와 <잊었던 마음 그리고 편지>는 음악가로서 전국의 무대에서 다양한 관객을 만나 소통할 수 있는 문을 열어주었다.

번개 같은 직감의 순간들은 나를 흔들어 깨워 예술가 라는 환상적인 직업을 갖게 했다. 학교라는 아카데믹의 세계와 무대 위의 마술적인 세계 모두 설렘을 주는 공간들이었음에 감사함을 느낀다. 밑도 끝도 없는 번개 같은 직감과 대책 없이 드는 하고 싶은 마음 이라는 연료에 의지해 걸어온 이 길 위에서 예술가로 살아갈 수 있다는 자유함과 자부심, 두 가지가 나를 일으켜 세워주었던 것 같다. 밑도 끝도 없이, 대책 없이 드는 그 마음들은 참 소중한 것이다.

이슬

아침이슬은 해가 뜨는 동시에 홀연히 사라지고 만다. 풀잎에 맺힌 싱그러운 이슬은 짧은 순간 영롱하게 빛나고 금새 사라지는 것이기에 귀하다. 아이의 0세부터 10세까지. 뽀송뽀송한 피부결이며 해맑은 표정은 완전무결하다. 인간으로서 가장 천진하고 순수한 시절. 아이의 이 시절을 이슬에 비유하고 싶어진다. 돌아보니 이슬처럼 금새 사라진 귀한 시간이었다.

지금이야 금세라고 말할 수 있지만 '아이가 언제쯤 커서 내일에 제대로 몰입할 수 있을까?' 하는 갑갑한 마음도 들었다. 아이와 함께 있는 시간동안은 무엇 하나에 오래 집중하기 어렵다. 아이의 요구에 귀 기울여야 하고, 위험한 상황이 있지 않은지 살펴야 한다. 내가 할 수 있었던 정신적인 활동은 책읽기가 전부였다. 책은 한 페이지만 읽더라도 손에 잡힐만한 것을 들고 나올 수 있었다. 아이를 돌보면서도 한 문장을 품고 드문드문 생각할 수도 있었다.

육아라는 행복한 감옥에 있던 시절, 책을 많이 읽었다. 아이는 6살에서 7살로 넘어갈 즈음부터 그림책을 혼자 읽기 시작했다. 의사 표시를 점점 잘 하게 되고, 주변에 민폐를 끼치지 않을 만한 도덕성과 사회성이 생겨났다. 이만한 성장에 참 고마웠다. 이 때를 기점으로 고독한 독서가와 읽기 독립을 실현한 일곱살 아들의 책방과 도서관을 향한 외출이 시작되었다. 어엿해진 일곱살 아들에게 예쁘게 옷을 입혀서 소풍 같은 책나들이를 하는 시간들은 몹시 행복했다.

우연히 티비를 통해 접하게 된 최인아 책방. 최인아가 누구 길래 책방에 자신의 이름을 걸 정도로 자신만만한가? 라는 생각이 들기도 했고, 그 책방이 궁금해졌다. 책방 건물은 빽빽한 빌딩숲을 이룬 선릉역에 고풍스럽게 자리하고 있었다. 고상한 나무문을 열고 들어가니 층고가 시원하게 탁 트인 복층구조의 서점이 우리를 맞아주었다. 이 나무문이 열리는 순간마다 서점의 광경에 가슴이 웅장해지며 알 수 없는 감동으로 물들곤 했다. 내 인생의 문이 새로이 열릴지도 모른다는 기대감이 들었기 때문인지도 모르겠다. 책방에 은은하게 흐르는 음악과 커피향이 마음을 진정시켰고 서가 사이를 거닐고 있노라면 관심을 두지 못했던 낯선 영역으로 관심이 이끌리기도 했다. 새로움과 접속하기 시작한 것이다.

지성의 향기가 흐르는 이곳에 아들과 나는 순식간에 매료되었다. 책방 곳곳은 무게감 있는 서가와 앤틱한 문고리와 샹들리에로 세심한 아름다움을 갖추고 있었다. 아들과 나는 이곳에 일주일에 서너 번씩 드나들기 시작했다. 온라인 서점에서 플래티넘 회원이 될 정도로 사들이던 책을 최인아 책방에서 책의 실물을 매만지고 들춰보며 사들이기 시작했다.

최인아 대표님의 절판된 에세이. 젊은 시절의 이야기가 담겨 있는 『프로의 남녀는 차별되지 않는다』를 중고서적으로 찾아 읽었다. 이 책을 읽으며 나도 최인아 대표님처럼 멋지게 능력을 펼치며 살고 싶다고 생각했다.

책방을 자주 다니다 보니 최인아 대표님과 종종 눈인사를 나누기도 했고 급기야 대화를 나누게 되었다. 어느 날 <여름은 오래 남아> 음반을 선물해 드리며 "해금연주가입니다." 라며 나에 대해 소개를 드렸다. "기회가 된다면 최인아책방에서 공연을 해보고 싶습니다." 라고 용기내어 마음을 전했다.

며칠 후, 최인아 대표님은 미팅 제안을 하셨다. 떨리는 마음으로 이야기를 나누었다. 최인아 대표님은 담백하게 말씀하셨다. "공연을 해주세요." 라고. 뜻밖에도 그 공연에서 나의 역할은 최인아 책방 콘서트의 기획자이자 사회자가 되는 것이었다. 최인아 대표님 마음 속에는 전통음악에 대한 사랑이 마음 한켠에 있으셨고, 그것을 책방의 음악회로 실현해보고 싶은 꿈이 있으셨다고 한다. 때마침 해금연주가인 내가 책방에 나타난 것이고. <해금연주가 천지윤과 함께 하는 최인아책방 우리음악 콘서트> 는 그렇게 탄생하게 되었다. 1년간 약 10회의 공연을 올렸다. 많은 연주가들과 함께 프로그램을 짜고, 공연을 만들어내는 과정 속에 있게 되었다.

우연히 찾게 된 책방이지만 강렬한 이끌림이 있었다. 육아하는 시간 동안 아티스트로서 느꼈던 불안, 소외, 고립감에 마른 목을 축일 수 있는 곳을 찾았다는 반가움을 느꼈다.

책방에 정성스레 배치된 책으로부터 위안과 용기를 받았고, 새로운 콘서트 시리즈를 런칭하는 예기치 못한 기회까지 얻게 되었다. 평범한 날들로 채워지던 일상에서 한복을 곱게 차려 입고 무대에 서는 날이 많아지니 신이 났다. 손꼽히는 아티스트들을 무대에 모셔 그들의 음악을 듣고 함께 연주하는 날들은 그간의 단절이 연결로 바뀌는 순간이었다.

최인아 책방은 나를 연주가에서 기획자, 진행자 뿐 아니라 독서가로, 작가로, 서점 해금서가의 주인으로도 만들어주었다. 무엇보다 고마운 것은 아름다운 책방을 누비며 책으로 가득한 지성의 공간을 누렸다는 점이다. 아들 손을 잡고 서점 복층 공간의 근사한 목조 계단을 오르내리고, 우아한 분위기의 혼자의 서재의 햇살이 가득 드는 소파에 앉곤 했다. 핫초코를 나눠 마시고 침묵 속에 책에 관한 이야기를 소곤소곤 나누며 아이와 남모를 눈웃음을 주고 받던 시간들이 마음 속에 영롱하게 빛나고 있다. 이슬처럼 반짝하고 사라진 아들의 아기였던 시절이 준 보석 같은 선물이다.

물거품

내게는 물거품처럼 사라진 시간이 있다. 어떤 종류의 희망과 유대감 같은 것이 순식간에 사라진 것이다. 현실에서 겪은 커다란 충격과 좌절감을 달랠 방법은 어딘가로 떠나는 것뿐이라 생각했다. 불안한 가슴을 안고 도망치듯 떠나곤 했던 곳이 제주였다. 다행히 지인인 Y언니가 운영하는 부띠크 호텔이 제주 하도리 바다 바로 앞에 있었다.

호텔 디스이즈핫은 오래된 주택을 레노베이션 한 매력적인 공간이다. Y언니의 남편이 설치미술가인만큼 공간 곳곳은 미술품으로 채워져 있었다. 근사한 미술품에 언니의 특별한 심미안과 정성스런 손길이 더해져 호텔은 비범한 멋을 풍겼다. 평범한 기물이었을, 평범한 식물이었을 것들은 언니의 손길로 새로이 태어나곤 했다. 모든 사물에 예술적인 끼를 불어 넣는 언니의 정성과 예술성으로 빚어낸 공간은 내게 위로와 안정을 주었다.

Y언니의 아들 W와 우리 아들은 동갑이었고 금세 친구가 되었다. 호텔 앞 하도리 해변에서 시간가는 줄 모르고 논다. 빵게를 잡고, 서핑 보드를 타고, 시내 카페에 가서 아이스크림을 먹고 오기도 했다. 언니는 제주에 내려와 이 호텔을 일

구느라 애를 많이 썼나보다. 아들이 바다에 나와 노는 것을 처음 지켜본다고 했다. 언니의 열정과 뜨거운 생활력이 느껴졌다.

아이들이 신명나게 노는 모습이 그림같다. 석양을 기다리며 낮아진 태양이 비치는 바다와 반짝거리는 물빛의 파동이 아름다웠다. 세상이 무너질 것 같은 좌절을 겪었데도 아름다움이 내게 오는구나. 마음이 사방으로 찢기는 것 같은 고통 속에서도 자연이 주는 감동은 내 마음을 움직이는구나. 바다가 밀어주는 겹겹의 파도와 뜨거워지는 석양과 물빛의 광휘에 눈이 멀 것 같다. 몰려오는 아름다움에 정신이 아득해짐을 느끼고는 물을 휘적휘적 저으며 아이들에게로 나아간다. 내 삶을 다시 힘껏 살아 봐야겠으니까.

미국 로스앤젤레스

가능성과 우연성

여행 준비로 마음이 분주했다. 비행기 티켓은 예약해둔 상태지만 숙소 비용은 치솟고 있어 마음은 난감해져만 갔다. LA는 세계에서 손꼽히는 여행지라는 것을 간과했던 탓이다. 올해 여행이 많을거라 예상했기에 작년부터 종종 에어비앤비로 숙소를 검색하곤 했다.

역발상이라고 해야할까? 집을 비우는 기간동안 나 역시 이 집을 누군가에게 내어주자, 에어비앤비 호스트가 되어보자라고 가볍게 마음 먹고 시작한 에어비앤비 사업.

집을 비우는 동안 특가로 내놓았더니 예약이 들어왔고 결국 여행 준비를 앞두고 손님맞이를 위한 대청소도 해야했다.

여행준비와 대청소에 일을 더한 것은『코스모스』때문이다. 1월, 서점 <해금서가>를 열었다. 책모임은 <해금서가>의 주요 컨텐츠이고, 내가 모임의 리더인 만큼 대충 읽을 수는 없다. 800쪽에 달하는 벽돌책인『코스모스』. 낯선 과학 분야의 책인데다 읽을 때마다 주요 문장을 블로그에 정리해나가느라 시간이 2배, 3배로 들었다. 하필 이 바쁜 와중에 만만치 않은 책을 고른 나 자신을 원망하고 있을 겨를이 없다. 이리 뛰고, 저리 뛰며 산재한 일들을 처리해 나가는 가운데『코스모스』는 언제나 내 손에 들려 있었다.

LA에는 새로운 음반녹음을 위해 떠난다. 일이 휘몰아치는 와중에 헐리웃에서 녹음할 새로운 곡들을 연습하는 것이 가장 중요하다. 베토벤의 <월광>, <비창>, <운명>, <영웅>, <합창>, <엘리제를 위하여>. 여섯 곡이 해금을 위한 음악으로 순식간에 만들어졌다. 따끈따끈하게 만들어진 악보를 출력해서 읽어나가고, 리허설을 하는 나날이었다.

은행에서 환전하고 돌아오는 길. 여행 예산에 머릿속이 복잡하고 마음이 심란하다. 터덜터덜 집으로 향하는 언덕길을 오르는데 가이드 음악으로 만들어진 <비창> 음원이 도착했다. <비창>은 마음 속에 차오른 서러움에 불을 지폈다.

아들 등교 전 나는 화를 터뜨리고 말았다. 부모랍시고 치사한 말을 쏟아냈다. "어렵게 준비한 여행이니 영어 공부 열심히 하라."는 호통과 일장 설교를 늘어놓았다. 학교에서 돌아온 아들은 조심스런 목소리로 "엄마, 어디야?" 전화를 했다. "엄마 집 앞, 곧 들어가."라고 냉랭하게 말하고는 집 앞을 서성대며 울었다. 발걸음을 옮겨 눈물을 닦고, 집에 들어와 아들에게 쌩한 인사를 건네고, 연습에 돌입했다.

<비창悲愴>은 슬픔 그 자체다. 슬플 비에 슬플 창. 슬프고 슬픈 곡이다. 비창은 힘겨움을 꾹꾹 눌러 봉인한 마음을 울렁울렁 자극한다. 연습하다 말고 어린아이처럼 엉엉 울어버리고 말았다. 이렇게 나는 해외여행 보내 준다고 유세 떠는 진상 엄마이자 연습하다가 오열하고 포효하는 희한한 엄마가 되었다.

열흘간 산재해 있던 일들이 하나씩 정리되어갔다. 『코스모스』를 완독했고 책모임도 무사히 마무리했다. 숙소 예약을 완료했고 미국 비자를 비롯한 여러 서류를 출력했다. 대청소는 끝까지 미뤄졌지만 녹음할 여섯 곡은 스케치가 대략 끝났다.

출국 전 마지막 리허설을 하며 각 곡에 대한 느낌을 잡아갔다. 고생스럽다 느껴지는 일들에 대한 번민을 한방에 날려줄 묘약은 역시 음악이다. 녹음 현장에서 이루어질 악곡 구조의 변동 가능성 등 음악에 대한 구상을 하며 즐겁고 설렜다. 새로운 곡들을 연습하며 그래, 역시 나는 음악이야! 하는 확신에 찬 기쁨으로 물들었다.

엄마이자 예술가로 살아온 12년. 음악이 주는 기쁨과 희열에 물들었기에 가능했던 시절이다. 내 인생 어느때 보다도 많은 것을 겪었던 시절이도 하다. 엄마와 예술가 사이를 줄타기 하며 나의 것을 쌓아 올리기 위해 애쓴 시간이었다. 솔리스트로서 음반과 공연을 만들었고 한 인간으로서 예상치 못한 일들 속에 아이를 키우며 어른이 되어갈 수 밖에 없었다.

지금은 오히려 더 많은 가능성과 우연성에 나 자신을 맡겨 볼 수 있는 여유가 생겼다.

<베토벤으로 헐리웃에서 음반 녹음하기>도 그 가능성과 우연이 가져다줄 수많은 사건을 스스로 만들어내고 싶기에 벌여놓은 일이다. 무모한 여행길에, 여느 엄마와는 다른 인생을 살아가는 조금 특별하고 조금 희한한 엄마의 인생길에 동행해 준 아들에게 고맙고 미안하다.

"엄마가 화내서 미안해."라고 사과하니 아들은 싱긋 웃으며 크게 안아준다. 여러 일을 동시다발적으로 처리하며 진상 엄마로 지낸 열흘의 시간은 순식간에 지나가 버렸다. 무사히 LA행 비행기를 탔다. 어제는 산타모니카 비치에 갔고, 오늘은 베니스 비치에 왔다. 아들이 사랑하는 바다에 자주 올 계획이다. 우리는 말리부, 뉴포트비치, 롱비치를 누비며 뜨거운 햇살을 누릴 것이다.

인류가 현재 수준의 지적 능력을 갖추기까지,
그리고 오늘의 고도의 기술 문명 사회로 진입하기까지
진화의 역사에서 중대한 사건들이 수없이 많이 일어났다.
그런데 그 사건들의 내용과 발생 순서를 볼 것 같으면
한 사건의 발생이 그 다음 사건에 반드시 선행돼야 할
하등의 이유를 찾아볼 수 없는 경우가 허다하다.
다분히 우연이 지배하는 사건들의 연속인 것이다.

- 칼 세이건, 『코스모스』

꿈의 길

산타모니카 비치에서 아들에게 상어가 그려진 귀여운 서핑보드를 사줬다. 서핑보드라 하기엔 조악한 스티로폼 보드다. 아들은 숙소에서도 서핑보드를 침대 옆에 고이 모셔놓고 오매불망 바다에 가는 날을 기다렸다.

드디어 도착한 베니스비치. 모래사장에 타올을 깔고 앉아본다. 아들은 바다와의 탐색전을 시작했다. 해수욕을 하기에 바람은 세차고 바닷물도 차가워 보인다. 그럼에도 아들은 수영복 차림으로 서핑보드를 들고 바다에 뛰어든다. 용감하게 물에 뛰어든 아들은 바다에서 한참 놀다 뛰쳐 나오며 "척추가 녹는 기분!"이라고 외쳤다.

LA의 얼음장 같은 봄바다를 경험한 아들과 나는 비치에서 철수하고 스케이트보드 파크로 향했다. 베니스비치는 산타모니카에 비해 젊음의 기운과 언더그라운드의 느낌이 물씬 풍긴다. 스케이트보드, 자전거, 롤러스케이트를 탈 수 있는 트랙이 있고 머슬 비치 Muscle Beach라는 야외 Gym과 농구장과 테니스코트까지 있다. 반갑게도 액티비티의 천국이다. 아들은 운동을 사랑하는 아이이니 잘 찾아온 듯 하다.

스케이트보드 파크에는 선수급 기량을 가진 보더들의 향연이 펼쳐지고 있다. 보더들은 하나같이 패셔너블한 힙스터다. 그들은 다양한 도형으로 이루어진 파크에서 진기명기를 펼친다. 보더들의 멋진 패션과 묘기에 환호성이 절로 나온다. 축구, 유도, 수영, 합기도, 검도, 펜싱, 테니스, 배드민턴, 권투, 태권도 등 다양한 스포츠를 즐겨온 아들. 이번엔 스케이트보드에 푹 빠졌다. 아들은 샵에서 렌트한 보드로 초심자를 위한 트랙에서 연습을 시작한다. 다리에 힘이 풀릴 때까지 실컷 보드를 탄 아들은 다음엔 베니스비치에 스케이트보드를 사러 오자고한다. 서핑보드에 스케이트보드까지. 챙겨야할 짐이 걱정스럽지만 아이가 보드와 혼연일체가 되어 노는 모습을 보니 흐뭇할 뿐이다.

리프트를 불렀다. 리프트는 택시나 우버보다 저렴하다. 우리는 여행자의 들뜬 마음으로 리프트 기사님들과 대화를 나누곤 했다. 기사님들은 인종과 성별, 나이 모두 다양했다. 베니스 비치에서 숙소로 돌아가는 길에 만난 기사님은 흑인 여성이었다. 아들은 스케이트보드 타기에 혼신의 힘을 다했는지 깊은 잠에 든 것 같다. 나는 기사님과 대화를 나누기 시작했다. 그녀의 이름은 아니카다.

  아니카: 아들은 몇 살이야?
  지윤: 미국나이로 10살. 아니카도 아이가 있어?
  아니카: 16살 농구하는 딸이 있어.
  지윤: 오, 운동선수야?
  아니카: 고교 농구부 선수지.
  지윤: 와, 놀랍다. 잘하면 스포츠스타가 되겠네?
  아니카: 열심히 하고 있으니까 잘 될거라 믿고 있어.

지윤: 그렇구나. 나는 음악을 하거든. 예술과 운동 분야는…, 하아….참 쉽지 않은 길이지?
아니카: (깊은 한숨) 돈이 너무 많이 들어.
지윤: 돈이 많이 들어? 왜? 난 운동 분야는 잘 몰라서.
아니카: 모든 훈련비를 자비로 대야하거든. 전지훈련, 원정경기를 갈 때마다 다른 도시로 이동해야하고 숙박도 해야하고. 돈이 들지. 대신 경기에서 두각을 드러내면 좋은 대학에 가고 장학금도 받게 되고. 한마디로 감독 눈에 들어서 스카웃 되는거야.
지윤: 아, 잘하면 엘리트 선수의 길에 들어서게 되는거구나. 딸내미 서포트가 중요하겠다. 아니카, 네가 얼마나 애쓰고 있는지 알 것 같아.
아니카: 딸내미는 이번 목요일에 라스베가스로 원정경기를 가. 내가 라스베가스 까지 데려다 주고 곁에서 도와줘야 해.
지윤: 아니카가 딸내미 매니저네! 우리엄마도 그랬는데!
아니카: 그렇지. 리프트 기사 일도 시간을 유동적으로 사용할 수 있어서 시작한거야. 딸내미 서포트가 필요할 때는 언제든 시간을 비울 수 있도록.
지윤: 딸내미가 너에게 무척 고마워하겠다.
아니카: 글쎄, 나이를 먹어갈수록 느끼겠지? 지금은 잘 모르는거 같아!
지윤: 너의 모든 노고를 알아줄 날이 올 거야. 나도 지금 엄마에게 얼마나 고마운데! 딸내미, 꼭 멋진 스포츠 스타가 되면 좋겠다.

아니카: 딸내미는 하루에 슛팅 연습을 100개 이상씩 해. 얼마나 열심히 하는지. 원정경기 떠나기 전에도 슛팅 연습 100개 채우고 출발했다고. 내 딸이지만 집념이 대단해.

지윤: 멋진 딸을 두었네! 스포츠스타들은 성공하면 엄청난 성공을 거두잖아. 재능과 집념이 있다면 희망을 가지고 투자할 가치가 있는거 같아. 본인도 좋아하는 일로 인생을 채워나갈 수 있고. 예술과 운동 모두 Winner takes all이기는 하지만. 어떻게 생각해?

아니카: 그렇지. 사실, 나 수영선수 출신이야.

지윤: 앗! 그렇구나.

아니카: 고교 수영선수였는데 16살에 임신을 했어. 나는 농구선수 딸을 포함해서 아이가 다섯이거든. 큰 애가 33살. 막내가 11살. 임신을 하면서 대학 장학금 받기로 한 것까지 박탈 당하고 아이를 줄줄이 낳으면서 수영선수의 꿈을 접었지. 그 당시 학교 정책상 흑인여성 수영선수를 키우고자 했고 내가 유망주였거든. 임신 8개월까지 수영을 했지. 한참 후에 코치로 일하기도 했지만, 오래 하진 못했어. 지금도 아이들 뒷바라지 하려면 열심히 일해야 해. 아무래도 농구하는 딸에게 가장 손이 많이 가네.

지윤: 휴. 그렇구나. (그래서 많이 지쳐보였구나.) 이해해, 아니카. 나는 아이가 하나여도 이렇게 할 일이 많은데. 오죽할까. 너는 슈퍼우먼이야! 딸도 너의 뒷바라지에 힘입어 잘 해낼 거고.

아니카: 고마워! 디즈니랜드 갈 때 나한테 직접 연락해.

리프트 수수료 엄청 떼어먹는거 알지? 내가 리프트의 반 값에 운전 해줄게.
지윤: 오, 그래 알았어. 딸내미 원정 경기 다녀오면 언제야?
아니카: 다음주 월요일.
지윤: 그래, 그 이후에 디즈니랜드 갈테니 그때 다시 연락할게. 안녕.
아니카: 안녕!

나는 12살 소년의 엄마이기도 하고 70을 바라보는 우리엄마의 딸이기도 하다. 이제는 국경을 초월해 한 사람의 한숨 섞인 눈빛과 생업에 지친 어깨를 느낄 수 있는 나이가 되었다. 백미러로 보이는 아니카의 눈동자는 피로에 슬픔까지 더해진 것이었다.

어쩐지 나도 모르게 위로를 건네고 싶었다. 아니카는 그때의 임신과 출산이 아니었다면 미국을 대표하는 수영선수로, 후학을 양성하는 지도자로 현업에서 활약하고 있을지도 모르겠다. 택시기사로 밤낮없이 일하며 다섯 자녀를 양육해야 하는, 자신이 못 다 이룬 꿈을 향해가는 딸내미를 뒷바라지 하고자 희망과 버거움으로 살아가는 지금의 아니카가 아닐지 모른다.

우리엄마는 어렸을 적 꿈이 가수였다고 한다. 외할아버지가 엄마를 극진히 아끼고 사랑했는데 가수의 꿈은 감히 입밖에 꺼내지 못할 일이었다고 했다.

언젠가 엄마는 지나가는 말로 그랬다. 어떤 스님이 '자녀들이 엄마의 못 다 이룬 꿈을 이룰 거라고 했다'고. 듣는 둥 마는 둥 흘려 보낸 그 이야기를 들은지 20년도 더 되었다. 내가 엄마의 못 다 이룬 꿈을 다 이뤘는지 모르겠지만 하고 싶은 일을 펼치며 살아가고자 애쓰는 것은 맞는 것 같다. 누군들 그 꿈이란 것이 쉽게만 펼쳐지겠냐마는 꿈을 품고 살아가는 삶과 꿈을 접고 살아가는 삶은 하늘과 땅 차이일 거라 짐작해본다. 아니카처럼 꿈 대신 아이들을, 꿈 대신 생업을 택한 우리 엄마를 생각한다. 꿈의 트랙을 타고 가는 나는 삶에 최선을 다해야 한다고 생각한다.

베니스비치에 다녀온 저녁. 피아니스트 조윤성선생님과 오랜 인연인 보컬리스트 Cathy Segal-Garcia의 공연을 보러 헐리우드로 갔다. 공연장인 Kulak's Woodshed에 도착했다. 공연장에는 알록달록한 알전구들이 빛을 내고, 무대에는 따뜻한 소리가 나는 그랜드 피아노, 객석에는 공주풍 캐노피가 드리워진 침대도 있다. 침대 위에는 토끼, 곰돌이 등의 낡은 인형이 있고 벽에는 악기와 LP판이 걸려있다. 어린시절의 꿈이 고스란히 새겨져 있는듯 따스한 분위기의 공연장이다. 아들은 콘서트가 진행되는 동안 공주침대에 누워 곤한 잠을 잤다. 내가 미안해하자 Cathy는 손사래를 치며 괜찮다고 했다. 주인장이 아이들을 아끼기에 이곳에 이렇게 많은 인형들이 있는 거라며. 푸근한 할머니 같은 Cathy는 딱 내 아들만한 손주가 있다고 했다.

어쩌면 우리엄마도 그 시절 꿈을 향해 박차고 나아갔다면 Cathy 같은 보컬 할머니가 되어 있을까? 새로운 여행길에 오른 아들은 공주침대 위에서 어떤 꿈을 꾸었을까? 나는 이 밤 시차 없는 깊은 잠을 자며 광활한 바다 수평선 끝에 노을이 넘실대는 꿈을 꾸었다. 광활한 바다와 신비로운 노을은 새로운 세계에 대한 열망이자, 내가 걸어갈 길에 대한 좋은 예감처럼 느껴졌다. 새로운 세계에 대한 열망과 내 시야 너머에 대한 근사한 상상과 무모한 믿음과 기분 좋은 예감 없이 꿈은 무용한 것이다.

내일은 Kulak's Woodshed에서 스페셜 게스트로 Cathy Trio와 함께 공연을 한다. 낯선 곳에서 낯선 아티스트들과 연주하며 새로운 나를 발견할 것이다. 새로운 세계로 조그만 발자국을 내딛는다.

우리 앞에 놓인 탐험은

상상력 없이는

단 한 발짝도 뗄 수 없는

여정의 연속일 것이다.

- 칼 세이건, 『코스모스』

연꽃잎과 비창

보컬리스트 Cathy Segal-Garcia, 피아니스트 조윤성, 베이시스트 Ahmet Sezin, 드러머 Jimmy Branly로 이루어진 공연에 스페셜 게스트로 연주하게 되었다. Cathy와 조윤성의 듀엣 공연 중 <Lotus Blossom>이 인상 깊었다. 'I thought of you, Day and Night'이란 가사가 마음을 흔들었다. 공연 하루 전 악보를 받아 연습하기 시작했다. 연주 곡목 중 다른 한곡은 이번 음반의 수록곡이 될 베토벤의 <비창>이다. 공연날 아침. 오늘 연주할 곡을 연습하는 것으로 하루를 시작했다. 공연날인 만큼 공들여 메이컵을 한다. 가슴 라인에 깃털이 달린 블랙드레스를 입고 드레스슈즈를 신었다. 기분이 산뜻해진다. 공연장으로 출발하기 전 촬영장비를 챙기며 아들에게 신신당부를 한다. "엄마는 오늘 연주에 집중할테니 엄마 차례가 되면 촬영을 부탁할게."라고. 아들은 곁에서 악기도 들어주고 카메라 가방도 챙기며 매니저처럼 돕는다. 엄마 모드에서 아티스트 모드로 스위치를 바꾸고 숙소를 나선다.

리프트를 타고 헐리우드로 향했다. 공연장인 Kulak's Woodshed에 도착했다. Cathy는 며칠 전 공연때 보아 친숙해진 상태지만 베이시스트와 드러머는 공연 한시간 전 처음 만났다. 낯선 땅에서 처음 보는 뮤지션들과 공연 한 시간 전 사운드 체크만 슬쩍하고 공연을 해야한다. 재즈뮤지션들과 교류해온지 오래 되었기에 이런 상황이 놀라운 것은 아니다, 라고 해도 매번 놀랍다. 때로 친한 재즈 연주자들에게 "리허설 좀 제발 더 하자고!"라며 농담 반 진담 반 항의하듯 말한다. 그들은 "아니야, 그럼 본 공연 때 재미없어."라며 반격한다. 즉흥성은 재즈의 주요한 요소이다. 그들은 익어서 뻔해져버린 상태보다 날것의 신선한 상태를 좋아한다. 같은 곡을 거듭 반복하며 연습해나가는 고전음악과는 접근 방식이 다른 것이다. 코드와 리듬, 형식만 기재되어 있는 간략한 악보를 보고 연주자마다 다른 연주를 펼쳐 나가는 것이 재즈니까. 그렇게 재즈의 정신에 입각하여 공연 1시간 전, 내게 주어진 리허설 시간은 단 10분이었다.

오늘의 주인공은 보컬리스트 Cathy다. Jimmy, Ahmet, 조윤성은 Cathy가 돋보이도록 음악적으로 배려했고 그들의 솔로 플레이가 펼쳐질 때는 "이것이 바로 재즈다!"라는 듯 온몸으로 음악을 뿜어냈다. 공연이 달아오르고 Cathy는 '한국에서 온 해금연주가 천지윤'을 소개했다. 그녀의 푸근한 눈빛 환대를 받으며 무대에 올랐다. <Lotus Blossom>은 피아노로 나긋나긋하게 시작된다.

Cathy는 사랑에 대해 나른하게 노래하는 시인 같다. 이런 리듬의 음악은 뒷걸음질치듯 연주해야 자연스럽다. '리듬의 뉘앙스'에 대해 새로이 감각하게 된다. 흐르는 선율에 해금소리를 얹어본다. 해금에는 입이 없지만 연주를 하며 내 입으로도 조그맣게 읊조린다. 'I thought of you, Day and Night' 흩날리는 연꽃잎 사이를 사랑하는 사람의 손을 잡고 살랑살랑 걷는 기분으로.

시인의 사랑 같았던 <연꽃잎, Lotus Blossom>
출국 전부터 나를 엉엉 울렸던 <비창, Pathetique>
부드러운 떨림 속에 두 곡을 연주한 밤이었다.

무대 위에서의 연주는 연습실에서 획득하는 기술적인 차원 이상의 것을 가져다준다. 관객과의 호흡과 공간에 여울지는 새로운 울림이 곡의 정체성을 구체적인 형상으로 빚어낸다. 이것을 온몸으로 느끼고 나면 진짜 나의 노래가 되는 것이다. 오늘 공연을 통해 녹음실에서 어떻게 연주를 펼쳐 나가야 할지 감을 잡을 수 있는 스텝을 밟아보았다.

이번 공연에 함께한 연주가들, 그리고 곧 있을 음반 녹음에 함께 하게 될 베이시스트 Larry Steen, 드러머 Mark Ferber는 이곳에서 이름만 대도 와우! 소리가 절로 나올만한 실력파 뮤지션들이다. 멋진 판이 짜여졌다. 다가올 녹음 날, 녹음실에서 처음 그들을 만나 합을 맞출 것이다. LA와 New York을 오가며 활약하는 재즈뮤지션들 사이에서 나의 음악을 펼쳐내야 한다. "I'm…nervous…." 긴장된다! 조윤성선생님은 이런 나의 마음을 아는지 이렇게 달래주곤 한다. "지윤 씨는 압박에 강한 사람이에요. 압박 속에서 잠재력을 몇 배로 발휘하는 전갈자리 성향이죠. 오늘 콘서트에서도 다시 한번 확인했다고요!"

20대 시절. 연주에 대한 압박감이 들면 어딘가로 도망쳐버리고 싶은 생각이 들곤했다. 마음을 졸일 때면 한적한 시골

마을에서 조용히 살아가는 삶을 상상하기도 했다. 음악가로서 조금 더 나이를 먹은 지금 나를 달래는 또 다른 방법을 알게 되었다.

나는 티끌보다도 작은 존재.
너도 나만큼 자그마한 먼지.
쫄지말자!

티끌과 먼지가 만나서 모래알 같은 음악을 만들어낸다.
그것은 광활한 우주 공간과 억겁의 시간 어딘가에 존재하다 사라진다.
애태우지 말자!

다만 기적적으로 얻은 삶이니 이번 생에 최고의 나를 만날 것.
연습하자!

분자와 분자가 만나 뜻밖의 개체를 생성하듯 녹음 현장의 변화무쌍함을 즐길 것이다. 먼지와 티끌이 만나 은하를 생성하듯 새로운 음악과 인연에 대한 설레임으로 마음을 채워갈 것이다. 압박이나 떨림은 고이 접어두자. 내일은 중요한 결전의 날. 무대에서 느낀 감각을 소중히 간직해서 돌아가자. 콘서트를 마치고 나오니 추적추적 비가 온다. 물빛과 불빛이 여전히 화려한 헐리우드 거리를 통과해 무사히 숙소로 돌아왔다.

우리는 한점 티끌 위에 살고 있고

그 티끌은 그저 그렇고 그런 별의 주변을 돌며

또 그 별은 보잘 것 없는 어느 은하의

외진 한 귀퉁이에 틀어 박혀 있음을 알게 됐다.

우리의 존재가 무한한 공간 속의 한 점이라면,

흐르는 시간 속에서도 찰나의 순간 밖에 차지하지 못한다.

- 칼 세이건, 『코스모스』

에밀리의 마법주문, Fake it till you make it!

음반 <천지윤의 해금혁명 : 베토벤>은 순식간에 논의되고 결정되었다. 신중을 기해 프로젝트를 진행해나가는 나의 성향과는 다른 진행 방식이다. 2022년 2월 발매된 <잊었던 마음 그리고 편지>는 한국 1세대 작곡가들의 음악이다. 한국전통음악에서 서양현대음악으로의 변곡점이 되는 김순남(1917)과 윤이상(1917)의 초기가곡을 재해석한 것이다. 2CD로 수록곡이 14곡이기에 규모가 큰 작업이었다. 이 음반을 구상하고 세상에 내놓기까지 꼬박 3년의 시간이 걸렸다. 해금과 김순남, 윤이상을 잇는 접점은 한국이라는 국적만으로도 자연스럽다. 해금과 베토벤은 멀고 접점을 감지하기 어렵다. 그럼에도 베토벤의 주요 테마로 음악을 만들어 보자 라는 아이디어로 작업을 진행하기 시작한 것이다.

그 시절 나는 <해금혁명 : 베토벤>을 예견이나 한 것처럼 매일 영어공부를 해나가고 있었다. 전화영어부터 미국드라마 쉐도잉*까지 다양한 방법을 시도하며 거북이처럼 나아갔다. 영어공부는 중요한 루틴이 되었고 정착한 방법은 넷플릭스 시리즈인 <Emily in Paris> 쉐도잉이다. 밝고 명랑하며 예쁘고 똑소리나는 에밀리. 일에 대한 열정을 가지고 새로운 환경에 당차게 적응해나가는 에밀리의 캐릭터가 마음에 들었다. 전화영어를 할 때 내 이름은 에밀리였고, 에밀리로 빙의한 듯한 느낌이 들기도 했다. 에밀리는 시카고에 있는 마케팅회사에서 일하다가 상사를 대신해 갑작스럽게 파리 지사로 파견된다. 에밀리의

* shadowing: 배우들의 대사를 반복적으로 따라하는 방식

남자친구는 이 소식을 달가워하지 않는다.

  에밀리: I know it's crazy. But when will we get a chance like this? It'll be an adventure. (나도 알아 나 미친거. 그런데 언제 이런 기회를 만날 수 있겠어? 엄청난 모험이 될거야!)

이 때 남친이 에밀리 기를 확 꺾는 소리를 한다.
남친: Unless I miss something. You don't speak French. (참, 내가 잊은 게 있어. 너 프랑스어도 못 하잖아.)

에밀리가 지지 않고 씨익 웃으며 말한다.
에밀리: Fake it till you make it~. (부딪혀서 배우는 거지~.)

이 대화는 내 마음에 와서 콕 박혔다. 포스트잇에 이 문장을 써서 화장대와 냉장고에 붙여두었다. 외출 전 메이크업을 할 때, 냉장고 앞 커피 바에서 모닝커피를 마실 때마다 이 문장을 몇 번씩 외치곤 했다. 에밀리의 표정과 몸짓, 손짓까지도 따라하며! 에밀리의 마법주문은 <해금혁명 : 베토벤>의 과감한 행보를 이끌어냈다. 작업에 대한 구상, 녹음실과 뮤지션 섭외, 연습과 리허설, LA로 출발, 녹음까지 2달도 채 걸리지 않았으니까.

눈을 떠보니 어느새 녹음날 아침이고 이곳은 LA다. 레코딩으로 하루가 채워질테니 숙소에서 아침을 든든히 먹었다. 숙소는 한국인이 운영하는 홈스테이였는데 고급주택들로 이루어진 격

조있는 마을에 있다. 커다란 미국식 목조주택의 주인장인 사장님은 대단한 음식솜씨로 매일 아침 7첩 반상을 준비해 주셨다. 한국에 있었다면 이렇게 든든한 아침밥을 먹고 녹음했을 리 만무하다. 극성스런 엄마 같기도 하고 생활력 강한 할머니 같기도 한 사장님의 응원 덕분에 몸과 마음이 든든해진 채로 숙소를 나섰다.

녹음실로 출발하기 전 아들과 마트에 들렀다. 긴 녹음을 위해 연주자들에게 에너지를 공급할 간식이 필요하다. 마음은 급하지만 넓은 마트를 뱅글뱅글 돌며 예쁜 물건을 세심하게 골라본다. 커버가 귀여운 초콜릿과 바나나 한송이를 샀다. 아티스틱한 드로잉이 그려진 커피드립백까지. 처음 만나는 뮤지션들과의 아이스 브레이킹을 위한 조그만 선물 세트가 준비되었다. 아들은 오늘도 매니저 역할을 자처한다. 곁에서 짐을 들어주며 엄마는 잘 할수 있을 거라고 따뜻한 말을 건넨다.

숙소로 리프트를 불렀다. 이게 웬일! 근사한 BMW가 백마 탄 왕자님처럼 기다리고 있다. 행운이 함께하는 결전의 날임에 틀림없다. 녹음날이나 공연날은 자그마한 행운에도 주목하게 된다. 의미심장한 기호를 발견한 것처럼 설레는 마음을 간직하는 것이 중요하다. 반짝반짝 윤이 나는 BMW에 올라타니 스타일리쉬한 젊은 기사가 캘리포니아 느낌이 물씬 나는 스무드 재즈를 틀어놓았다. 창문을 활짝 열고 따스한 바람을 맞으며 헐리우드 레코딩 스튜디오로 향했다.

도착해보니 조용한 주택가에 건물 한 채가 무뚝뚝하게 서있고 1756이라는 번지수가 철문에 붙어있다. 설마 이런곳에 스튜디오가? 스튜디오 내부 사진은 홈페이지를 통해 확인한 상태지만 외관상으로는 도무지 가늠이 되지 않는다. 이 곳이 그곳 맞을까? 하는 마음으로 둔탁한 철문을 연다.

또 하나의 문이 나온다. 철과 나무, 가죽 쿠션으로 이루어진 무거운 방음문인 것을 보아하니 레코딩 스튜디오가 맞다. 스튜디오 안으로 들어가니 사진보다 근사하다. 전체적으로 나무로 마감되어 따뜻한 분위기다. 3개의 프라이빗 레코딩룸이 그랜드 피아노를 위한 큼지막한 레코딩룸을 둘러싸고 있다. 안쪽으로 들어가니 콘트롤룸이 있다. 푹신한 소파와 패브릭 갓을 쓴 조명이 있는 아늑한 느낌의 공간이라 마음이 편안해진다. 문 하나를 밀고 나가니 휴식을 위한 공간이 있다. 레코딩 엔지니어 Talley의 손에 의해 완성된 음반들이 벽을 가득 채우고 있고, 동양화들이 걸려있다. 룸투어는 마쳤고, 악기를 콘트롤룸에 놓고 숨을 골라본다. 이미 도착해 손을 풀고 있는 베이시스트 Larry Steen과 드러머 Mark Ferber에게 인사를 건넬 차례다. 프라이빗 레코딩룸 문을 똑똑 두드리고 들어가 그들 앞에 선다. 배시시 웃으며 바나나와 초콜릿, 커피백을 건네며 인사를 나눈다. "안녕, 나는 해금연주가 천지윤이야. 해금은 한국의 전통현악기. 해금은 처음이지?"

그렇게 녹음은 시작되었다. 첫 곡은 <비창>. 며칠 전 공연 때 연주해본 곡이기에 감각이 몸 안으로 들어와있다. 예상

대로 현장에서 곡의 형식이 무쌍하게 변화되었다. 연주자들의 솔로 연주가 더해지며 <비창>은 풍성하게 가지를 쳐나간다. 순조롭게 첫 곡이 녹음되었다. 곡의 난이도와 분위기를 고려해 녹음 순서가 정해졌다. 비창에서 합창, 월광으로 이어졌다. 혼자 악보를 읽어나가고 피아노와 리허설을 하는 동안 상상하지 못했던 음악적 정경이 펼쳐진다. 월광에서 아름다운 피아노 솔로연주가 더해졌고, 나 역시 준비해 간 연주와는 또 다른 연주가 흘러나왔다. <잊었던 마음 그리고 편지>에 수록된 윤이상의 <달무리>라는 곡처럼 베토벤의 월광 역시 달의 정경을 그리고 있다. 두 곡 모두 인트로가 마술적으로 그려진다. 피아노솔로로 시작되는 인트로 부분에서 조윤성은 매번 새로운 선율을 제시하며 연주에 대한 영감을 이끌어냈다. 베이시스트 Larry는 연주 전부터 꼼꼼하게 음악을 분석하고 채팅을 통해 수많은 토론의 과정을 거친 만큼 안정감 있는 연주를 펼쳤다. Larry는 모니터를 하다 흥이 오르면 춤을 추면서 현장 분위기를 한껏 띄우기도 했다. 드러머 Mark는 LA에서 만난 모든 뮤지션이 Mark와 연주한다고 하면 "와우!" 하며 탄성을 불러 일으킬만큼 명성 있는 뮤지션이다. 드럼은 단순히 리듬악기라 생각했던 나의 편견을 지우게 했다. 그는 수채화 같은 사운드 오케스트레이션으로 음악 이곳저곳을 물들여갔다. 사운드엔지니어 Talley는 콘트롤룸에 앉아 "Ready? Rolling~!" 이라고 토크백을 통해 말한다. 연주가 시작되고 헤드폰으로 피아노, 베이스, 드럼의 사운드가 흘러 들어온다. 전주가 흐르는 동안 행복이 치밀어 올라 눈물이 맺힌다. 음악이 주는 순도 높은 아름다움과 꿈꾸던 마음 속 그림이 실현되었다는 기쁨이 한 평 짜리 녹음실에 넘실댄다.

이곳에서 뮤지션들과 소통하며 현장에 흐르는 진동을 타는 것은 음악의 빗장을 푸는 열쇠였다. 음악함에 있어 중요한 것은 음악의 현장에 계속해서 나를 노출시키는 것이다. 반은 연습실에서 독공을 하며 반은 현장을 뛰어다니며 내공이 쌓이는 것이다. 독공과 내공, 이 시간의 총합이 예술가의 질량과 밀도가 되는 것이라 믿고 있다.

<비창 Piano Sonata No.8>, <합창 Symphony No.9>, <월광 Piano Sonata No.14>, <영웅 Symphony No.3>, <운명 Symphony No.5>, <엘리제를 위하여>, <Symphony No.7>. 7곡의 녹음이 모두 끝났다. 잠깐의 저녁식사시간을 빼고 빼곡하게 진행된 연주였다. 마지막으로 녹음한 심포니 7번은 피아노와 해금 듀엣곡으로 이곳 LA에 와서 전달받은 악보다. 농현이나 꾸밈을 배제하고 순수하게 연주하고자 했다. 화려한 탄주 속 불현듯 새벽 이슬을 만난 것처럼 깨끗한 순간을 누리시길 바라는 마음으로.

에밀리의 마법주문에 의해 LA까지 왔다. 음악의 현장에서 나도 몰랐던 나의 모습, 나의 연주, 나의 소리를 발견하게 되었다. 9시간 동안 스튜디오에 있었지만 에너지가 충만하다. 사용한 에너지 이상의 것을 충전해서 또 다른 내가 된 기분으로 녹음실을 나섰다. 뮤지션들과 함께 K-타운에 이

자카야로 향했다. 왁자지껄한 분위기 속에 녹음을 무사히 마친 것을 자축했다. 아들은 친구들에게 들은 바로 K-타운은 밤에 몹시 위험하다며 나에게 경고하면서도 자그마한 축하연회를 함께 즐기고 있는 듯 하다. 늦은 밤까지 이어진 이야기 끝에 해금의 매력, 해금의 가능성 등 다양한 관점을 만나고 싶어졌다. 녹음실에서는 연주에 집중하느라 못 다한 이야기들이 많다.

내일은 인터뷰어가 되어 Larry와 Mark의 이야기를 들으러 가기로 했다. 여전히 낯선 그들에게 소심해질 것 같은 순간에 이 주문을 외우면 되니까.

"I know it's crazy. But when will we get a chance like this? It'll be an adventure."

"Unless I miss something. You don't speak French."

"Fake it till you make it~."

알렉산드리아는 기원전 300년경부터 약 600년 동안 인류를 우주의 바다로 이끈 지적 모험을 잉태하고 양육한 곳이다. 알렉산더 대왕은 외래문화를 존중했고 개방적 성격의 인물로서 지식 추구의 분위기를 조성하는데 주력했다. 전설에 따르면 알렉산더 대왕이 종 모양의 잠수 기구를 타고 홍해 바닷속으로 내려간 세계 최초의 인물이라고 한다. 이 이야기 하나만으로도 우리는 그의 탐구 정신을 충분히 알 수 있다. 알렉산더 대왕은 자기 수하의 장군들과 병사들이 페르시아나 인도의 여인들과 혼인하기를 권장했다. 그는 다른 나라도 존중했으며 이국적이고 기이한 동물들을 수집했다. 그는 호화롭게 건설된 이 도시가 무역, 문화, 학문에 관한 세계의 중심지가 되기를 원했다.

- 칼 세이건, 『코스모스』

Stay in Music!

LA에서 일정이 얼마 남지 않았다. 오늘은 유니버설 스튜디오에서 늦은 오후까지 놀고 밤에는 월트 디즈니 콘서트홀에서 열리는 공연을 보는 날이다. 유니버설 스튜디오는 아들을 위한, 월트 디즈니 콘서트홀은 나를 위한 시간이다. 유니버설 스튜디오에서 한나절을 보내고 공연을 보러가는 것은 철인 3종경기처럼 부담스러운 일이기는 하지만 놓치고 싶지 않았던 콘서트 일정이다. 아들은 유니버설 스튜디오에서 못 다한 시간이 아쉽고 체력적으로도 피곤한지 입이 쑥 나와있다. 극장 이곳저곳을 둘러보니 마음이 두둥실 부푼다. 명성대로 거대하면서도 세심함을 갖춘 최고의 극장인듯 하다.

Osmo Vänskä의 지휘로 1부에 <브람스 피아노 협주곡 1번>(협연 Inon Barnatan), 2부에는 한국 작곡가 신동훈의 <Upon His Ghostly Solitude>가 초연되고, 시벨리우스 교향곡 3번이 연주되었다. 아들은 마지막곡인 시벨리우스에 이르러 혼곤한 잠 속에 있었다. 비몽사몽인 아들을 깨워 로비로 나가 Lyft를 불러 기다리고 있었다. 아들은 자다 깬 멍한 상태와 피곤이 겹쳐 나 진짜 화났음 이란 얼굴로 다소 불량하게 앉아있다. 아들의 심기를 살피며 살짝 초조하던 차에 지나가던 아저씨가 아들에게 경쾌하게 말을 건다. "공연 재밌게 봤어? 너는 어떤 곡이 제일 좋았니?" 라고 묻는다. 아들은 "잘 모르겠어요…." 라고 시무룩하게 대답한다. 민망해할 그를 생각해 내가 물었다.

"아저씨는 어떤 곡이 좋았어요?"

"나는 1번 곡이 제일 좋았어요. 브람스 너무 좋지 않나요? 피아니스트와 오케스트라 밸런스가 너무 좋고, 와 진짜, 어썸! 그대는 어떤 곡이 제일 좋았나요?"

"저는 2번 곡이 좋았어요. 한국작곡가 작품. 그 곡이 궁금해서 왔거든요."

"오, 그렇군요."

"저는 한국에서 온 음악가에요."

"와우 정말? 나도 뮤지션인데! 무슨 악기 연주해요?"

"저는 한국의 전통악기 해금을 연주해요."

"오호, 나는 피아니스트에요! 그럼 LA에서 활동해요?"

"한국에서 활동하고 있어요. LA에는 음반 녹음하러 왔어요."

"그럼 어떤…?"

"베토벤 곡의 테마 선율을 주제로 연주해요. 한국전통음악과 클래식, 재즈가 융합된 장르죠. 피아니스트 조윤성, 베이시스트 Larry Steen, 드러머 Mark Ferber와 함께…."

"오! Mark Ferber? 나 마크 알아요. 마크 내 친구에요! 몇 달 전 공연도 같이 했는데. 마크 진짜 연주 잘하고, 게다가 스윗가이죠!"

그렇게 LA 어딜가도 마크의 이름만 대면 뜨거운 리액션을 받게 되었다. 그런 Mark Ferber와의 인터뷰를 공개하겠다.

드러머 Drummer 마크 파버 Mark Ferber 인터뷰 Interview
Tritone Recording / 2023.4.4.wed.

J-소개 부탁드릴게요.
M-저는 마크 퍼버이고요. 어제 음반 녹음에서 드럼 세션으로 참여했습니다.

J-우리 어제 8시간 동안 같이 연주했지요. 느낌이 어땠어요?
M-정말 좋았어요. 해금과 연주해 볼 기회가 없었는데요. 해금은 아름답고 독특하고 개성있는 악기에요. 해금, 피아노, 베이스, 드럼의 조화가 아름다웠죠. 특별한 경험이었고요. 서양사람들 관점에서 보자면 해금은 특별한 소리 특성을 가지고 있거든요.

J-해금이 가지고 있는 매력이 뭐라고 생각해요?
M-소리의 텍스쳐(질감)겠죠. 지윤씨가 연주할 때 미분음들을 연주하는데, 정확하게 구획된 음정 뿐 아니라 다양한 그라데이션을 만들어내죠. 각각의 음정이 다양한 캐릭터를 가지고 있어요.

J-아, 그러니까 각 음정들이 여러 얼굴을 가진 느낌, 맞아요?
M-맞아요. 각 음정, 소리가 가진 다양한 얼굴과 미분음의 특성들이 아름다운 선율을 창조해 내는 것 같아요. 베

토벤의 상징적인 멜로디들, 사람들이 바로 인식할만한 선율들을 연주했잖아요. 해금이 내는 소리는 재즈 레코딩에서 기준이 되는 정확한 음정, 박자와 상치되는 부분이 있죠. 그 소리들이 더 많은 캐릭터와 더 많은 텍스쳐를 만들어내는거에요. 많은 월드뮤직이 그런 사운드를 만들어내곤 하는데 나는 그런 소리들을 좋아해요. 수많은 미분음들과 지윤씨가 만들어내는 소리의 질감, 인토네이션 intonation의 흐름들이요.

J-마크는 지금까지 다양한 장르의 음악을 경험해왔잖아요. 월드뮤직부터 재즈, ECM 스타일 등. 그 중 어떤 장르를 가장 좋아해요?
M-아무래도 재즈를 제일 잘 알죠. 내 삶 안에서 가장 많이 해왔고, 전문영역이라 할 수 있죠. 어렸을때부터 많이 연주해왔고요.

J-언제 음악을 시작했어요?
M-9,10살 때 시작했어요.

J-그럼 9살 때 드럼을 시작한거에요?
M-9살 즈음에 드럼을 시작했어요. 어떤 이유에선지 어렸을 때 재즈를 듣고 참 좋았던 기억이 나요.

J-마크의 형*도 뮤지션이죠?   *형:Alan Ferber
M-맞아요. 형은 트럼본 연주가에요. 우린 함께 연주하며

자랐어요. 빅밴드, 작은 그룹 등등. 지금도 함께 연주하고 있어요. 정말 좋죠. 재즈야말로 내가 제일 잘 아는 장르이고, 가장 많이 연주한 장르에요. 그럼에도 나는 여러 장르의 음악에 영향을 받아왔고 나를 움직여 왔어요. 예를 들어 인도음악, 인도네시아 가믈란 음악들. 지윤씨가 어제 연주한 해금이란 악기가 다시 상기시켜 주더라고요. 인도네시아 가믈란 같은 악기들이 음정과 음정 사이를 타고 흐르거든요. 물론 미국에 있는 컨츄리, 롹앤롤, 클래식 등 다양한 음악들이 내 안에 들어와 있지요.

J-마크의 음악적인 목표는 뭐에요?
M-내가 지금 하고 있는걸 계속 하는거에요. 내가 할 수 있는 음악들을 지속하는거죠. 그리고 음악적인 호기심을 잃지 않는 것. 지속하고 유지하는거죠. 그러기 위해서 흥미롭고 새로운 음악이 세상에 나오면 찾아서 들어보고요. 음악가로서 지속적으로 배우고 성장하고자 시도해 보는거죠. 그게 바로 내가 가고 있는 음악적인 목표이자 음악적인 여정이라 할 수 있죠. 많이 연주하고 그런 상태를 지속하는거에요. (Just Keep Playing!)

J-마크의 목표란 음악적인 호기심을 계속 쫓아가는거네요?
M-네 맞아요. 흥미로운 프로젝트 안에 머물고자 해요. 나에게 새로운 자극을 주고 음악적인 도전을 주는 것들 안에요. 그런것을 할 때에 나는 행복함을 느끼고요.

J-한국 뮤지션들에게 음악적인 조언을 준다면요?
M-음악 안에 머무세요! 왜냐하면 당신은 음악을 사랑하는 사람이니까. Stay in Music! Because you love it. 뮤지션으로서 음악하는걸 사랑하고, 연주하는걸 사랑하고, 연습하는걸 사랑하고, 그렇죠? 음악을 하세요, 음악을 사랑하니까. 음악에 대한 열정을 가지고 있다면요. 절대 늙지 마세요! 어린아이 같은 천진함을 간직하세요. 음악에 대한 어린아이 같은 호기심을 유지하세요. 점진적으로 성장하세요.

J-마지막 질문, 마크에게 좋은 음악이란?
M-당신이 영감을 받을 수 있는 음악. 그 음악으로 인해서 새로운 것을 창조하게끔 하는 것. 그게 좋은 음악이죠….

J-좋은 음악을 듣는게 좋은 음악가가 되기 위한 방법이기도 한거지요?
M-그죠. 그 음악이 당신에게 영감을 준다면, 그 음악으로부터 배울 수 있고 더 좋은 뮤지션이 될 수 있다고 생각해요. 그 음악으로부터 많은 음악 언어들을 건져올릴 수 있죠. 그리고 그런 음악 언어들을 당신의 음악에 적용할 수 있고요.

J-그럼 나도 새로운 음악들, 좋은 음반들을 찾아서 들어봐야겠어요!
M-아, 어제 우리 함께 연주한 음악이 바로 'Good Music'이에요. 해금이라는 새로운 악기와 연주해 보았고, 내가 들어본 적 없는 소리니까요. 나는 점점 더 많은 음악적인 탐험을

원하고 있기 때문이죠. 나야말로 지윤 씨에게 더 많은 질문을 하고 싶네요. 지윤씨 음반을 사서 들어보고 공부해보고 싶어요. 이후에 또 지윤씨에게 많은 질문을 하고 싶어요.

J-고마워요 마크, 나도 마크의 모든 음반들 찾아서 들어볼래요.
M-지윤씨와 함께 연주할 수 있어서 정말 좋았어요!

Stay in Open Mind!

서울로 돌아가는 비행기에서 <크레센도>라는 음악영화를 보았다. 독일의 어느 비영리 단체는 이스라엘과 팔레스타인 연합 오케스트라를 만들고자 오디션을 개최한다. 오랜 세월 이어진 이스라엘과 팔레스타인 갈등에 평화의 씨앗을 심고자 하는 의도다. 주인공인 팔레스타인 바이올리니스트 라일라는 오디션 장소인 이스라엘의 텔 아비브까지 가야한다. 강압적이고 모욕적인 입국심사를 견뎌야하는 난관이 있다. 라일라의 아버지는 악기가 무기로 보이지 않게 조심하라고 당부한다. 팔레스타인 사람은 쉽게 테러리스트로 간주되기 때문일 것이다.

오디션장에서부터 팔레스타인과 이스라엘 국가간의 경제적, 문화적 수준 차이가 그려진다. 차이만큼이나 팔레스타인 음악가에게는 불공정한 게임이다. 다행히도 팔레스타인 연주가들의 뒤처지는 실력에도 불구하고 오케스트라는 이스라엘인 반, 팔레스타인인 반으로 구성된다. 오케스트라 안에서 악장 선정과 서열 다툼을 시작으로 연주가들끼리 극렬한 증오와 몸싸움의 현장이 그려진다. 혈기왕성한 20대의 젊은 음악가들은 서로를 테러리스트, 살인자, 내 땅을 빼앗은 흉악범, 오만한 이스라엘인과 같은 혐오의 말을 쏟아낸다. 이스라엘인은 팔레스타인인의 히잡을 벗기고 그들의 전통적인 향기가 묻어나는 멜로디를 부는 클라리네티스트를 조롱한다. 팔레스타인 음악가들도 지지 않고 이스라엘 음악가들을 때리고 밀치며 항거한다. 리허설의 현장은 툭하면 패싸움의 현장으로 바뀌고 만다.

연합오케스트라의 지휘를 맡은 독일의 명망 있는 마에스트로. 그의 부모는 의사로 나치 수용소에서 대량학살을 도운 사람들이다. 독일이 패망하고 전세가 역전되자 그들의 도주를 도운 사람들에 의해 총살된다. 마에스트로는 자신의 부모가 끔찍한 학살을 자행했다는 죄책감으로 살아간다. 수용소 생존자들과 그들의 가족들을 만나러 다니며 나름대로의 참회의식을 거듭한다. 마에스트로의 고백은 원수지간인 두 나라의 예술가들의 마음을 조금씩 열게 한다. 마에스트로는 자신이 경험한 화해의 방법으로 음악 리허설 대신 워크샵을 진행한다. 마에스트로의 연륜있는 리더쉽 덕분에 이스라엘과 팔레스타인 음악가들은 가까스로 화해하게 된다. 음악가들이 서로 마음을 연 후의 연주는 달라진다. 마에스트로는 이렇게 말한다. "디테일을 고칠 점은 많지만, 전체를 이해했다는 점은 만족스럽구나. 너희들이 팀이 됐기 때문이지. 같이 연주하며 이제 서로의 연주를 듣고 있어."

우연히 만난 영화 <크레센도>는 베이시스트 래리가 추구하는 좋은 음악에 대한 철학을 이스라엘과 팔레스타인 연합 오케스트라의 이야기를 통해 펼쳐내고 있었다. 드러머 마크에 이어 래리의 인터뷰를 하고, 또 인터뷰를 정리하며 그의 언어가 다소 어렵게 느껴지는 부분이 있었다. 거북이 영어를 하고 있는 나로서는 래리의 말이 빠르기도 했고, 인류애에 관한 이야기를 할 때에는 그 개념이 다소 멀게 느껴지기도 했다. 나 스스로 그러한 거대담론(?)을 생각하며 음악을 하지 않았기 때문이겠다. 그의 음악을 두루 들으며 인터뷰를 정리했다. 음반 커버를 보니 파란 눈의 미국인 래리는 페르시아의 전통의상을 입고 업라이트 베이스 한대와 이국의 악기들과 함께 있다. 그가 재즈를 중심으로 다양한 월드뮤직을 경험한 것을 자신의 음악으로 녹여왔다는 증거가 그의 음반이었다. 래리는 생각보다 많은 세계음악여행을 해왔고, 짐작보다 크게 마음을 열고 이 작업에 임했을거란 안도감이 들었다. 이제 베이시스트 래리의 이야기를 들어보자!

베이시스트 Bassist 래리 스틴 Larry Steen 인터뷰 Interview
Tritone Recording / 2023.4.4.wed.

L-나는 Larry Steen이고요. 전문 베이스 연주가입니다. 프리랜서 연주가이고요. 로스엔젤레스를 중심으로 전 세계적으로 활동하고 있습니다. 업라이트 베이스와 일렉트릭 베이스 둘 다 연주해요. 업라이트 베이스는 콘트라베이스, 더블베이스, 어쿠스틱베이스 등 여러 이름을 갖고 있죠. 일렉트릭 베이스는 이렇게 연주해요, 이렇게. (연주하는 모션 보여줌^^)

J-Larry는 어제 둘 다 연주했죠?
L-어제 일렉베이스는 한 곡에서만 연주했죠. 일렉베이스는 펑키나 그루비 느낌의 곡을 연주할 때 사용해요. 그런 곡들 할 때 일렉베이스가 잘 어울리죠. 그리고 나는 재즈연주가라기보다 여러 스타일의 음악을 폭넓게 연주합니다. LA에는 다양한 형식의 음악이 공존하기 때문에 좋은 활동을 이어올 수 있었죠.

J-어제 함께 연주할 때 느낌 어땠어요? 저와 피아니스트 조윤성, 드러머 마크 퍼버. 이렇게 함께 연주한건 처음이었잖아요?
L-마법적인 순간이었죠! 내 음악 인생을 통틀어서 특별한 경험이었고요. 아름다운 음악이었어요. 지윤씨의 해금 연주, 그러니까 미국에는 없는 해금이라는 매우 독특한 악기와 연주해볼 기회가 없었으니까요. 조윤성은 놀라운 피아니스트고 편곡자이고요. 마크는 몇 년 전에 함께 연주한 적이 있어요.

우리 리허설 안 했잖아요! 그럼에도 불구하고 우리 모두 높은 수준의 연주가이기 때문에 오래 연주해온 것처럼 엄청난 케미스트리가 있었던 것 같아요. 섬세하게 서로의 소리를 듣는게 이런 종류의 음악을 할 때에 중요해요. 여러 아이디어가 혼합된 장르잖아요. 클래식 곡인 베토벤을 재즈 스타일로 믹스해서 연주했어요. 예술적인 감수성을 가지고 즉흥적인 연주를 이어갔죠. 인터플레이를 하면서요. 즉흥연주는 재즈에서 매우 중요한 요소이고요. 게다가 해금이란 악기가 어우러졌기 때문에 저에겐 정말 특별한 경험이었어요. 아름다웠죠!

J-해금의 매력이 무엇이라고 생각하세요?
L-해금은 매우 표현적인 악기에요. 감정의 중심부를 건드리는 힘이 있어요. 서양의 현악기들을 상기해보자면 그것들 각기 고유의 소리 특성이 있죠. 중국의 현악기 얼후도 있죠. 그것과도 매우 다르고요. 지윤씨가 알다시피 해금과 얼후는 연주에 있어서 기교적으로 다른 부분들이 있죠.

J-한국 전통악기와 연주해본 것은 처음인가요?
L-나는 전 세계의 다양한 음악들과 협업을 해왔어요. 재즈 뿐 아니라 다양한 세계음악을 공부해왔고요. 석사학위를 Cal Arts에서 받았고요. Cal Arts는 이 지역에 있죠. 재즈 학위 과정이지만 세계의 다양한 음악을 공부했어요. 흑인음악부터 춤과 노래도요. 가믈란 오케스트라가 있었고요. 인도음악수업도 있었고요. 발칸과 불가리아 음악도 공부했고요. 브라질도 몇번 다녀왔어요. 나는 아프로큐반 뮤직, 켈틱음악, 페르

시아음악, 중동음악도 좋아해요. 연주하며 전 세계를 다녔죠. 다양한 음악을 경험한 것들이 나의 음악, 작곡으로 연결된거죠. 그런 나의 작업을 'Larry Steen World Jazz Ensemble' 이라고 합니다.

J-래리가 작곡도 하는거죠?
L-네. 주로 전통적인 요소를 가지고 편곡 작업을 해요. 재즈, 클래식과 월드뮤직의 조화를 추구합니다.

J-탱고 음악도요?
L-네, 탱고 그러니까 아르헨티나의 음악, 그런 그루브도 정말 좋아합니다. 저는 지금까지 2개의 음반을 발매했는데요.<Larry Steen World Jazz Ensemble View from Afar>와 <First move>입니다. 나는 세계의 모든 음악을 사랑해요. 그런 요소들을 내 음악에 녹여내려 하고요. 그런 의미에서 LA는 대단하죠. 전 세계의 여러종류의 예술이 공존하고 다양한 음악과 작업을 할 수 있고요. 그런데 이쪽에 한국음악은 많이 없어요. 그럼에도 한국음악은 틀림없이 흥미로운 장르입니다.

J-베이스는 언제 시작했어요?
L-어렸을 때 피아노와 바이올린 연주를 했어요. 클래식을 공부했었고, 클래식적인 백그라운드를 가지고 있어요. 그 부분이 틀림없이 내가 누군지를 말해주는거 같아요. 일렉베이스는 14세에 시작했어요. 퐉밴드의 쿨한 베이시스트가 되고 싶었

죠. 그 이후에 재즈, 업라이트 베이스는 17세에 시작했어요. 보스턴에 버클리 음대에 진학했고요. 그때 진짜 업라이트 베이스 공부, 재즈 공부를 시작했어요. 20살에 플로리다에 마이애미 대학에 진학했어요. 이 학교의 Studio Music & Jazz 학과가 굉장히 좋거든요.

J-Larry에게 좋은 음악이란 무엇인가요?
L-나에게 좋은 음악이란 행복과 기쁨, 좋은 감정을 주는 것뿐만 아니라 내 마음의 확고한 길로 나를 인도해주는거죠. 그리고 음악은 지적인 면, 흥미로운 면 모두가 필요하죠. 중요한 부분은 '인류애'에 관한 것이고요. 음악이 다양한 요소가 모일 수 있도록 기능하는 것이 중요해요. 우리 작업에서도 모두 다른 나라, 다른 문화에서 왔고 이렇게 모인 거잖아요. 아마도 우리 음악을 듣는 사람들도 그걸 느낄 거예요. 우리를 한자리에 모이게 했죠. 그건 굉장히 영적인(Spiritual) 힘을 가진 것이고, 중요한 부분이에요. 음악은 예술 형식을 가지고 있죠. 아름다움을 표현하는건데요. 인간은 이 아름다움에 대해 반응하고요. 군인이 무기를 드는 대신에 악기를 든다면 훨씬 나은 세상이 되겠죠?

J-음악가의 좋은 태도가 무엇일까요?
L-마음을 열어야죠! Stay in Open Mind! 때로는 음악가들이 한 장르에만 몰입해요. 클래식, 재즈, 힙합, 헤비메탈 등. 내가 종종 우리 학생들에게도 이야기 하는데요, 재즈 뿐 아니라 다양한 음악에 관심을 가지라고요. 다양한 요소를 믹스

했을 때 그런것들이 당신을 더 좋은 음악가로 만들어줄거라고요. 재즈를 많이 공부했다고 꼭 좋은 재즈 뮤지션이 되는 건 아니에요. 인간적인 관계에 대해서도 배워야하고요. 코드, 스케일, 화성이 나은 음악가로 만들어주는 것은 맞죠. 모든 것에 마음을 열고 서로의 것을 이해하려고 노력해야 하고요. 그런 것들이 음악가로서 뿐 아니라 인간적으로 더 나은 사람이 되도록 만들어 준다고 생각해요.

J-한국 음악가들에게 조언을 해준다면요?
L-말했다시피 마음을 여세요! 음악과 음악가, 예술이 이 사회에 가져다 줄 수 있는 것들이 무엇인지 고민해야 하죠. 예술이 우리를 하나로 모으는 도구로서 작용하다면 좋겠어요. 인류애와 예술, 너무나 중요합니다. 지윤씨도 동의하죠?

J-그럼요!

여행은 재미있고 신비로우니까요.

바쁘게 흘러가는 날들 속에 미국 LA로, 일본 도쿄로, 쿠바의 아바나로 여행 일정이 속속 잡히기 시작했다. 게다가 쿠바라니! 쿠바는 가기 어려운 나라인만큼 바쁜 일정 속에서도 여행지에서 쓰는 여행기에 대한 집착을 버릴 수가 없었다. 고민 끝에 구독자를 모아 현장감이 담긴 실시간 여행기를 보내자고 마음 먹었다. 핀터레스트에서 헐리우드를 연상시키는 사진을 골랐다. 홍보자료를 만들면서 그 안에 들어갈 내용을 채워나간다. 두서없는 아이디어들이 제자리를 잡아가기 시작한다. 포스터를 만들며 'HOLLYWOOD PROJECT'라는 제목을 붙이니 그럴듯한 프로젝트가 된 듯 하다. 공연과 녹음 때문에 글을 쓸 여유가 도저히 없을 때는 어쩌지? 라는 걱정이 들 때면 초단편일지라도 독자의 마음을 울릴 수 있는 에세이를 써보자며 마음을 비우고 분량에 대한 압박으로부터 자유로워지고자 했다. 우려에도 불구하고 일단 노트북을 열면 써내려가고 싶은 이야기가 넘쳐흘렀다. 에세이를 엮어나갈 재미난 컨셉이 떠오르면 그 순간 희열과 행복감을 느꼈다. 여유 있는 날이면 숙소 근처 마음에 드는 까페를 구글 지도에서 검색했다. 신중하게 고른 LA의 까페는 늘 성공적이었고 이국의 까페가 주는 신선한 아침 분위기 속에 글쓰는 시간은 충만했다.

바다를 사랑하는 아들의 취향을 고려해 비치를 중심으로 여행 동선을 짰다. 아들은 바다에서 새로운 친구들을 사귀며 시간 가는 줄 모르고 놀고, 나는 타올 한장을 깔고 모래사장에 앉아 글을 썼다. 아들이 베니스비치에서 스케이트보드를 타면 나는 벤치에 앉아 아들을 시야 안에 두고 글을 썼다.

아들을 키우는 동안 대학에서 쉬지 않고 강의를 했다. 한 학기에 많게는 서너 개의 학교에 출강했고, 입시레슨도 쉬지 않았다. 지난 10여년간 연주가로서, 교육자로서 한순간도 공백 없이 살아올 수 있었다. 그건 여성, 예술가, 노동자로서 살아가는 데에 있어 특별한 축복이었던 것 같다. 내가 책임져야 할 삶에 대해 역량을 키워 나간다는 자부심과 더불어 해를 거듭할수록 내가 만날 수 있는 다양하고도 새로운 사람들, 자신의 일에 열정을 다하고 주변을 챙겨가며 근사하게 살아가는 사람들에게 영감을 받으며 지나온 세월이다. 그 세월동안 아이를 키우는 것과 동시에 창조성을 잃지 않고 창의적인 일부터 자질구레한 일상의 일을 처리하는데 익숙해졌다. 공연, 음반녹음과 아이와의 여행 중에 에세이를 연재하는 일 또한 지난 10년간 해 온, 아이를 시야에서 놓치지 않으면서 집중해서 일하기 신공이 없었다면 가능하지 않았을 일이다.

여행 중 네이버 포토박스에서 10년 전 사진이라며 알람을 보낸다. 아들이 배밀이를 하고, 고개를 가누고, 또랑한 눈망울로 알록달록한 신생아용 장난감과 놀고 있다. 10년이 지난 지금 아들은 호텔 수영장에서 자유형, 배영, 평영, 접영까지 구사하며 자유로이 논다. 나는 선베드에 앉아 캘리포니아의 햇살을 누리며 글을 쓰고 있다. 초보엄마로서 허덕이며 살아가던 시절 상상조차 하지 못했던 그림이다. 그때 나의 동선은 강의실, 집,

아들의 어린이집과 놀이터 정도였으니까.

지금은 아들 손을 잡고 이국땅에 음반 녹음을 하러 와있고, 넓은 세계관을 가진 뮤지션들과 교류하고, 캘리포니아의 해변을 누비고 있다. 아들과 함께 하는 시간에는 축구 이야기와 친구들에 관한 이야기를 나눈다. 아이가 언제 이렇게 컸지? 싶어 놀랍기도 하고, 아들의 말맛 넘치는 개그에 폭소를 터뜨리게 된다. 아이의 옹알이를 일방적으로 견뎌야 하는 시간도, 여행인지 극기훈련인지 모를 아기와의 힘겨운 여행을 하던 시절도 당당하게 지나간 것이다.

아들과의 여행은 앞으로도 계속 해나가고 싶다. 아들과 나의 버킷리스트 중 하나가 함께 하는 세계여행이다. 이번 여행이 그 시작이 될 것이다. 때로는 내가 아들의 눈치를 살피며, 때로는 아들이 내 눈치를 살피며 큰 충돌없이 기분 좋은 2주일을 보냈다. 크게 웃는 순간이 많았다. 그럼에도 아들은 아직 아기의 속성을 가지고 있다. 졸립거나 배가 고프면 진정으로 화가 나있다. 특히 배가 고플 때면 아들은 부글부글 화가 끓고 있는 모습이다. 그럴 때 나는 안절부절 못한다. 아들에게 맛있는 것을 먹이고자 낯선 동네의 레스토랑을 검색하고, 그러다가 시간이 지체되면 분위기가 엉망이 되고 마는 것이다.

내 이성이 허락할 때에는 엄마로서 그런 순간을 잘 넘겨 보려고 한다. 가까스로 아들과 식사를 맛있게 마치고 좋은 기분으로 레스토랑을 나선 후 "케빈, 너는 배고플 때, 졸릴 때 진짜 화나보여. 화가 나도 티를 안 내면 안될까? 콘트롤을 해봐. 너 그럴 때 짐승 같아."라며 둘이 폭소를 터뜨린다. 아들은 "엄마도 화낼 때 짐승 같아. 짐승 중에 곰 같아. 흐흐."라며 응수한다.

초반 1주일은 엄마의 공연과 음반녹음을 위한 주간임을 선포했다. 엄마가 일에 집중할 수 있도록 도와달라고 신신당부 했다. 아들은 철저하게 약속을 지켜주었다. 내가 연습하는 동안 곁에서 영어만화『페파피그』*,『벤 앤 홀리의 리틀킹덤』셰도잉을 하고, 책을 읽으며 차분하게 시간을 보냈다. 공연날은 미리 작전을 짠대로 매니저이자 스텝으로 활약해 주었다. 공연날 모든 사진과 영상은 아들이 찍어준 것이다. 예술가 엄마의 아들로 살아온 세월동안 터득한 기술과 호흡이다. 녹음을 마친 다음날부터 후반 1주일은 오로지 아들을 위한 여행이었다. 과연 아들을 위한 여행이었을지, 엄마가 짐승으로 변신한 순간은 없었을지, 아들이 이 여행을 얼마나 만족하고 순간순간을 즐겼을지 궁금해진다. **LA 여행의 에필로그로 케빈의 인터뷰**를 준비했다.

LA 여행의 에필로그 - 케빈의 인터뷰

1. 여행을 준비한 기분은?

    비행기를 오래 타는 게 힘들 것 같았지만 여행을 생각하니 기대됐어요.

2. 가장 맛있었던 음식은?

    롱비치 항구에서 먹은 새우, 가자미, 관자구이.

3. 가장 즐거웠던 장소와 순간은?

    ① 유니버설 스튜디오. ② 롱비치 호텔에서 친구 세이지를 사귀어 함께 논 것.

4. 엄마가 좋았던 순간은?

    유니버설 스튜디오 같이 갔을 때

5. 엄마가 미웠던 순간은?

    월트디즈니콘서트홀에 LA Phil 공연 보러 갔을 때

6. 다음에 가고 싶은 여행지는?

    프랑스 파리. 다음에도 엄마랑 긴 여행을 가고 싶어요.

7. 케빈의 꿈은?

    축구선수, 과학자, 의사

8. 이번 여행 중 만난 엄마의 지인 중 가장 인상적인 사람과 이유는?

    드러머 마크 퍼버. 착하시고, 우리가 별명을 붙였잖아요. 마크 페파피그*

9. 여행이 좋은 이유는? 새로운 경험을 할 수 있고 재미있고 신비로우니까요.

10. 독자들에게 하고 싶은 이야기는?

    LA 꼭 와보세요, 헐리우드 엄청 재밌어요.

    LA는 사람들이 친절하고 자연이 좋아서 너무 좋은거 같아요. 그럼 안녕!

*페파피그: 귀여운 핑크 돼지들이 출연하는 미국만화

쿠바 하바나

쿠바, 체 게바라, 올드카 그리고 관광허가증

<CUBA DISCO FESTIVAL>에 초청되었다. 한국예술종합학교 전통예술원 예술한류프로젝트 연주단의 일원으로 쿠바로 떠나게 된 것이다. 이번 프로젝트는 총 13인이 함께하게 되었다. 한국예술종합학교 한국예술학과 L교수님, 연희과 K교수님, 음악과 교수님이자 친구인 피리연주가 J, 가야금연주가 S, P를 비롯한 타악연주가들까지. 쿠바에서 한국의 전통음악과 연희를 펼치고 돌아가야 한다. 연주여행을 떠날 때 해금은 단출하게 움직이기 좋은 악기이다. 가야금이나 타악기처럼 덩치 큰 악기들은 연주가들에게 부담이 이만저만이 아니다. 여러대의 장구와 징, 북, 소고, 꽹과리, 사자춤을 출 때 사용하는 사자탈까지. 이번 프로젝트는 비행시 악기들을 대형수화물로 분류하고 오버차지로 상당한 금액을 내야하는 대형 이사에 속한다.

거대한 악기짐을 끌고 인천공항 터키항공 데스크에 모여 순조롭게 체크인을 하는 듯 하다가 우리 공연단은 혼돈의 도가니로 빠져들었다. 터키항공에서 우리의 체크인에 브레이크를 건 것이다. "쿠바 비자가 없으면 아바나행 티켓은 끊어드릴 수 없습니다. 환승하는 터키-이스탄불까지만 체크인 해드리죠. 이스탄불에서 아바나행 티켓을 끊어주지 않아도 저희는 책임이 없습니다. 그래도 출국하시겠어요? 그렇다면 항공사측에 이의를 제기하지 않겠다는 서약서를 작성해주세요. 자, 그럼 사인을 여기…. 두둥. 쿠바 비자는 쿠바

입국시 현장에서 발급 받는 것이다, 라는 정보를 가지고 비행기 티켓만 끊은 우리는 그렇게 바보가 되었다. 쿠바까지 멀어도 너무 멀고, 여정 중 소동은 얼마나 많았는지. 쿠바라는 나라가 낯선만큼 사소한 단계마다 암초에 걸려 우왕좌왕하는 사태가 벌어졌다. 쿠바 비자 사건은 서막에 불과했다.

쿠바는 공산국가다. 남미의 북한쯤으로 이해하면 된다. 쿠바라는 나라에 대해 잘은 모르지만 체 게바라라는 혁명가는 알고 있다. 쿠바의 상징이자 혁명의 아이콘 체 게바라. 체 게바라가 혁명을 성공으로 이끈 후 쿠바에 공산당이 집권한다. 미국과 반목하며 국제사회에서의 고립을 마다하지 않고 공산주의를 지켜나가는 나라. 모두가 예스라고 할 때 노!라고 외치는 나라, 쿠바. 미국을 중심으로 한 국제사회에서 왕따를 당하니 경제적으로 고립될 수 밖에. 출국 전 프로젝트 단톡방은 챙겨야할 짐 목록을 공유하며 분주했다. 누군가 "쿠바에서 휴지를 구하기 어려우니 넉넉히 챙겨가야할 것 같습니다."라고 한다. 휴지가 없다니. 이 무슨 황당한 소리인가? 쿠바는 경제적 고립 속에 수입길이 모두 막혔을 뿐 아니라 공장이 거의 없기 때문에 공산품을 생산해낼 수 없다고 한다. 쿠바하면 떠오르는 형형색색의 올드카! 그 자체로 낭만이지만 차는 있어도 기름 수입을 못해 차가 굴러가질 못한다고도 했다.

쿠바 여행 정보는 인터넷 검색을 통해 찾을 수 있지만 그

소수의 정보마저도 저마다 다르다. 그러니 쿠바에 가는 길도 파리 환승, 마드리드 환승, 캐나다 환승, 아틀란타 환승 등 제각각이고 비행기길도 국가간의 관계에 따라 막히고 열리기를 반복한다. 그러니까 쿠바 입국 비자에 관한 정보도 일관성이 없는 것이다. 우리는 이륙 전부터 아바나행 체크인을 거부 당하며 쿠바의 매운 맛을 봤다. 정보의 혼란 속을 헤매다 일단 이스탄불행 비행기를 탔다. 이스탄불에 도착하기까지 10시간, 환승 대기하는 9시간까지 총 19시간 내에 쿠바 비자를 받을 수 있을까? 이스탄불 공항에서 오버사이즈의 악기 짐과 트렁크를 다시 찾아 이고 지고, 쿠바 비자를 얻기 위한 분투가 시작되었다.

문제는 5월 5일 어린이날을 기점으로 연휴가 시작되었기에 여행사와도 연결되지 않는 것이었다. 이스탄불 공항 이곳저곳을 뛰어다니며 비자를 발급할만한 곳을 찾아다니고, 터키 영사관을 비롯해 개인적인 인맥까지 동원하여 쿠바 비자를 얻을 수 있는 방법을 사방팔방 알아보았지만 이렇다할 속시원한 정보는 없었다. 잘 되기를 바란다는 응원의 메시지만 도착할 뿐. 우리 모두 속이 새카맣게 타들어가기 시작했다. 누구보다 속이 탔을 것은 이 프로젝트의 리더인 L교수님이셨을테다. 프로젝트단은 결단을 내렸다. "일단 체크인을 시도해 봅시다! 안 되면 빌어야지…. 우린 쿠바에 꼭 가야한다고. 이왕이면 순해보이는 카운터 직원에게로 갑시다…. 잘 안되면 지윤이가 쓰러지는 연기라도 해봐…." L교수님은 초상집 같은 분위기를 농담반 진담반 만회해 보려 애쓰셨다. 부딪히는 수밖에 다른 수가 없었다. 떨리는 마음으로 터키항공의 아나바행 체크인 줄을 섰다. 선두에 선 L교수님은 커다란 짐들과 함께 조마조마한 마음으로 체크인 데스크에 여권을 들이밀었다. 카운터 직원은 무심히 말했다.

"짐 올려주세요. 됐습니다. 다음 분 앞으로 오세요!"
"…!"

L교수님은 방긋 웃으셨다. 지옥 같았던 19시간은 그렇게 무용한 것이었다. 비자 없이 체크인이 허용되었고 비자에 관한 물음 조차 없었다. 쿠바행 체크인 완료! 쿠바행 비자는 여행 전 관광허가증라는 이름으로 발급되기도 하지만 이것에 관한 명확한 원칙이랄 것이 없다. 항공사나 경유하는 나라에 따라 관광허가증을 요구하기도 하고 그렇지 않기도 한 것이다. 유사 비자에 해당하는 관광허가증을 사전에 발급 받았으면 이런 마음 고생을 할 필요가 없었겠지만, 그렇다고 입국이 안될일도 아니었던 것이다. 일관적이지 않은 원칙은 원칙이 될 수 없기에. 아바나행 체크인을 완료하고 쾌재를 불렀다. 편안한 마음으로 공항에서 시간을 보냈지만 아직 하나의 관문이 더 남았다. 쿠바까지 도착해서 비자를 내주지 않겠다고 하면 37시간 비행에 3천 만원에 육박하는 비행기값을 쓰고 돌아가야 할수도 있다. 국가 예산을 집행하는 일이기에 <한국예술종합학교 전통예술원 예술한류프로젝트단, 쿠바에서 입국 거부당하고 돌아오다> 라는 기사가 일간지 문화면에 커다랗게 걸릴 수도 있는 일이다.

이스탄불에서 아바나까지도 마음을 놓을 수 없는 비행이다. 10시간 정도의 비행을 예상했지만 시간은 계속 늘어났고 비행기가 움직이는 항로도 이상하다. 착륙을 앞둔 비행기의 위치는 Goose Bay. 옆 좌석에 앉은 덩치 큰 외국 남자가 말한다. "이상해, 캐나다로 왔어. 돌아가는거 같아. 완전 경로이탈!" 이어 갑자기 착륙을 앞두고 있다며 방송이 흘러나왔다. "Sick passenger…, blah blah…." 기내에 혼절한 환자가 발생해서 캐나다에 비상 착륙을 한 것이다. 다행히 기내에 의사가 있어 조치를 취하고 1시간 반 정도 대기했다가 출발할거라고 한다. 이르는 구간마다 이토록 암초에 걸려 넘어질 수 있는 것일까? 돌아돌아 캐나다 구스베이 공항에 왔고, 비행기 안에서 1시간 반을 대기한 후 또 다시 긴 비행을 해야한다. 혼절한 환자는 깨어났고 다시 아바나로 향했다. 무려 37시간의 고통스런 비행 끝에 허름한 시골 버스터미널 같은 아바나 공항에 도착했다.

입국심사하는 곳을 찾으니 그 앞에 비자를 발급하는 조그만 창구가 있다. 여자 혼자 앉아 있는 이 초라한 데스크가 우리가 찾아 헤매던 비자를 발급하는 곳이란 말인가. 여권을 내미니 쿠바 여자는 누렇게 낡아 빠진 종이에 13인의 여권 정보를 대충대충 적어내려간다. 그렇게 쿠바 공항에서 소박한 비자 발급식을 마쳤다. 아무튼 우린 해냈다! 쿠바 입국이 허가되었다! 이제 입국심사대로 향하자. 비자 발급대에서 입국심사대까지 30미터나 될까 싶은 짧은 구간 속 또 하나의 관문이 숨어 있었다. 간이책상에 앉은 네 명의 쿠바

아줌마들을 통과해야 했다. 흥 넘치는 4인방은 외국인 무리를 보고 신이 난건지 쿠바말로 친근하게 추근댄다. 그러면서 여권을 내놓으란다. 우리는 4인방 앞에 우르르 모여 여권을 내맡긴채 상황 파악을 하려 애썼다. 4인방은 양식도 없는 꾸깃꾸깃한 종이에 여권번호, 이름, 거주할 장소 등 우리에 관한 정보를 적어내려 간다. "이건 뭐지? 이렇게 여권을 맡기고 정보를 줘도 되는거야? 그리고, 이 사람들 공항 직원 맞아?" 우리는 또 한번 술렁댔다. 그렇게 여권을 돌려받고 한명씩 입국심사를 무사히 통과했다. 입국심사를 마친 후 삼삼오오 모여 뒤를 돌아보니 마지막으로 입국심사를 시도하려던 L교수님께서 혼비백산하며 외친다.

"여권이 없어!"

쿠바와 나, 미움 받을 용기

'쿠바에는 한국 대사관이 없으니 여권 재발급을 받으려면 멕시코까지 돌아가야 하거나…'와 같은 비관적인 대책이 강구되는 동안 여권은 L교수님의 가방 속에 얌전히 들어있었다. 비자 사건으로 스트레스를 격심하게 받은 탓인지 여권 마저 없어졌을지 모른다는 염려가 부른 해프닝이었다. L교수님은 해맑은 얼굴로 입국심사대를 통과하셨다. "우리 공연이 대박 나려나 봐, 액땜이라 칩시다!"

20살 시절부터 함께 학교를 다녔던 한국예술종합학교 동기동창들. 이름은 몰라도 얼굴만은 낯익은 친구들이 중견연주자가 되어 이 프로젝트를 통해 뭉쳤다. 활동의 반경이 겹치는 친구는 종종 무대 위에서 만나기도 했지만 20년 만에 만난 친구들도 있다. 험난한 해프닝을 하나씩 벽돌깨기 할때마다 우리는 단체사진을 찍었다. 주먹을 불끈 쥐며 L교수님이 선창한다. "K-ARTS!" 하면 나머지 12인이 "화이팅!" 하며 외친다. 비자나 여권이 없어 입국이 안될 수도 있는 최악의 가상 사태에 대해서 얼굴 찡그리는 사람 없이 담담하게 대책을 세우며 팀웍을 다져나갔다.

숙소에 도착했다. 긴 비행 끝에 노란버스를 타고 겨우 도착한 숙소는 무성한 열대식물에 둘러 싸인 단독주택이다. 쿠바는 호텔마저 열악하니 에어비앤비가 나을 것이라며 이 집을 선택한 것이다. 대문을 열고 들어가니 큼지막한 유럽풍 건물 두

채가 있다. 테라스도 있고, 작은 중정도 있고, 거실에는 그랜드 피아노도 있다. 대형악기들을 옮기고 방을 배정하기 위해 숙소를 둘러보니 한숨이 나왔다. 쇠락한 건물 안에 눅눅한 곰팡이 냄새가 진동한다. 공중전화 부스만한 화장실과 야전침대 같은 것이 놓인 침실. 13인 중 여성 연주가는 3명이니 특별 대우를 받아 복층으로 되어있는 넓직한 독채를 사용하는 것인데도 상황은 열악했다.

대학생 시절 프랑스 태양극단에서 한 달간 머물며 연극제에 참여했었다. 태양극단의 원형극장 계단 아래, 분장실을 침실로 개조한 곳에서 잠을 자며 생활했다. 그곳에 놓여있던 야전침대와 똑같은 것이 쿠바 숙소에 그대로 놓여있다. 그때는 그것도 낭만이었다. 아마 그곳에서도 곰팡이 냄새가 났을 것이며, 구석구석 오래된 먼지덩이가 있었을 것이고, 빨지 않은 이불과 침대 시트 위에 베드 버그가 가득했을 것이다. 그럼에도 그때는 그 모든것이 새로운 경험이고 낭만이었다. 그로부터 20년이 지났다. 이 숙소에 짐을 풀고 있자니 '내가 이러려고 음악했나'라는 회한과 함께 눈물이 또르르 흐르는 배부른 예술가가 되어있다. 만감이 교차하지만 함께 온 동료들과 교수님들을 생각하며 마음을 다잡았다. 이번에도 동료들은 담담하게 짐을 풀고 자기 침대를 찾아 긴 비행 동안 쌓인 피로 속에 몸을 누인다.

쿠바는 전기조차 원활히 공급되지 않는다. 방 안의 침침한 전구는 공간의 분위기를 더욱 우울하게 만든다. 분위기 전환을 위해 샤워도 해보고, 침대 머리 맡에 좋아하는 화장품들을 도

열해보기도 한다. 방안에 아로마 룸스프레이를 뿌려본다. 그럼에도 에어콘에서 나는 곰팡이 냄새에 괴로워 잠들지 못한다. 여행 전 아로마테라피스트에게 처방 받아온 각종 아로마 오일을 손에 듬뿍 흘려 얼굴에 갖다대고 호흡을 해보기도 한다. 아로마향과 함께 곰팡이 냄새가 밀려들어와 속이 미식거린다. 새벽녘에는 어디선가 쉴새 없이 물소리가 난다. 물소리가 나는 곳을 찾아 커튼을 열어보니 물탱크가 있다. 아, 이 눅눅함의 정체는 바로 저 물탱크구나. 이렇게 수맥 같은 것이 흐르는 곳에서 도저히 지낼 수 없다.

'쿠바 여행을 괴로움으로 견디며 열흘이란 시간을 보내고 싶지 않다. 내 인생의 소중한 한 페이지가 될 이 여행을 아름답게 지켜내고 싶다. 이기적일지라도' 라는 생각으로 해결책을 찾기 시작했다. 나를 배려한다고 나의 것보다 작은 침대에서 잠에 든 친구, 모교 교수가 되어 이 프로젝트를 위해 갖은 애를 쓰고 있는 룸메이트 J에게 미안하다. 나의 스승님이시기도 한 교수님들과 동료들을 생각하면 송구스럽지만 나는 이 숙소를 탈출해야한다. 밥은 굶더라도 공간에 관해서 만큼은 예민한 내가 가장 견딜 수 없는 장르가 이 숙소라는 것을 안다. 모두가 예스라고 하더라도 나는 노라고 해야한다. 미움 받을 용기가 필요한 순간이다. 나는 숙소를 나가기로 결심했다.

밤새 숙소를 검색한 끝에 부띠끄호텔 하나가 눈에 들어온다. 가격도 적당하고, 지도를 검색하니 이 숙소에서 걸어서 5분 거리이며, 리뷰도 좋다. 일출시간은 아침 7시경으로 나온다. 뜬

눈으로 밤을 지샌 후 해가 뜨기만을 기다렸다. 컴컴한 숙소에서 사부작사부작 옷을 갈아입었다. 지도를 캡쳐해 호텔로 가는 길을 숙지했다. 떨리는 마음으로 숙소를 나섰다. 사위는 여전히 어둑어둑하다. 지구 반대편으로 48시간을 날아와 홀로 컴컴하고 낯선 길에 서있다니. 빈민가 같은 쿠바 거리의 낡은 건물들 사이로 핑크빛 하늘이 펼쳐져 있다. 저 멀리 희미하게 바다도 보인다. 나쁘지만은 않다.

지도상으로 호텔에 거의 다 온 듯하지만 호텔 같은 것은 보이지 않는다. 허름한 주택들만 늘어서 있고 초라한 베란다에는 낡은 빨래들이 펄럭이고 있다. 잘못 찾아왔나? 낯선 도시에서 인적없는 휑한 거리를 걸으니 소름끼치게 무섭고 두렵다. 그즈음 시커멓고 왜소한 남자가 나를 향해 걸어온다. 다가오는 기운에 머리 끝이 쭈뼛하고 등골이 오싹해진다. 남자는 갑자기 자기 물건을 꺼내려고 바지 속에 양손을 쓰윽 집어넣는 모양이다. 소스라치게 놀란 나는 가능한 멀리 바라보고 냅다 뛰었다. 남자도 당황했는지 역방향으로 후다닥 뛰어간다. 바바리맨이 아침 댓바람부터 출몰하는 이렇게 열악한 골목에 호텔이 있기나 하단 말인가. 나는 잘못 찾아왔나보다 싶어 눈물이 나려한다. 지나칠뻔한 한 건물에 조그만 문틈새로 귀여운 금발머리의 백인여자가 장내를 정리하는 모습이 보인다. 문틈으로 보이는 공간의 분위기는 세련되고 정갈하다.

"익스큐즈미, 여기 혹시 호텔인가요?"
"네, 맞아요."

"저 이 호텔 알아보러 왔어요. 들어가도 되나요?"
"네, 들어오세요."

그녀는 고풍스런 데스크 앞으로 나를 데려갔다. 내가 찾던 그 호텔이 맞다. 호텔의 규모는 작지만 쾌적하고 아름답다. 선하게 생긴 호텔매니저는 친절하게 인사를 건넨다. 놀라 두근대는 가슴을 진정시키느라 "여기, 쿠바, 이 동네…, 안전한가요?"라고 물으니 남자는 "네, 매우 안전해요. 쿠바는 어딜 가든 매우 안전합니다."라고 한다. LA는 가는 곳마다 쾌적하지만 그곳에 거주하는 사람들마저도 "LA는 진짜 위험해요. 사람들을 믿지 마세요."라고 했다. 미국과 쿠바의 치안에 대한 개념의 온도차인가 싶어 혼란스럽다.

매니저에게 호텔을 둘러보고 싶다고 했다. 호텔방을 둘러보았고 1, 2, 3층 모두 세심하게 훑어보았다. 허름한 거리와 어울리지 않게 아기자기하고 아름답게 꾸며진 호텔이다. 건물 전체가 산뜻한 화이트톤으로 되어있고 유럽풍의 앤틱가구와 커튼으로 장식되어 있다. 모로코의 카사블랑카를 연상시키는 이국의 저택 같은 분위기다. 마음에 쏙 든다. 호텔 사이트의 온라인 가격과 현장 가격이 다른지 물어보니 매니저는 총지배인이 올때까지 기다리라며 그는 지금보다 상세하게 안내해 줄 것이고, 분명 온라인 가격보다 저렴하게 예약할 수 있을 것이라고 한다. 총지배인은 오기로 한 시간에 도착하지 않았다. 쿠바 오일 파동 사건. 석유를 저장한 탱크가 불에 모조리 타버려 보유하고 있는 석유가 바닥난 상태이고, 우크라이나와 러시아 전쟁 때문에 석유 수입이 어려운 상태라고 한다. 대중교통을 비롯한 모든 교통수단이 제 시간에 움직이기 어렵다는 매니저의 설명이다.

온라인상으로 보았을 때 내가 찍어둔 방은 '단 한 개 남은 마지막 숙소입니다. 예약을 서두르세요!' 라는 메시지가 뜨는 곳이다. 마음이 다급했다. 매니저는 친절하게 커피를 내어주며 그가 올테니 차분히 소파에 앉아 기다리라고 했다. 한참 후 총지배인은 도착했다. 그는 내게 명령조로 "여기 앉아서 기다리면 몇 가지 일을 처리한 후 면담(?)을 시작하겠다."고 했다. 이리저리 호텔일을 보더니 엄격한 교장선생님처럼 나를 체크인 데스크에 앉혀 놓고 안내를 해준다. 총지배인은 어쩐지 혼내는 말투로 "방이 있다. 온라인보다 저렴한 가격으로 예약해주겠다. 하지만 지금 방이 남아 있을지 모른다. 단 하나 남은 방이니까!" 라고 단호하게 말한다. 나는 쫄아들은 마음으로 오늘 오후에 체크인할 것이며 다시 돌아와서 7일간 머물 것을 결제하겠다며 호텔을 나섰다.

본부 숙소로 돌아가는 길은 한결 가깝게 느껴졌다. 이 정도면 본부와 호텔 사이, 동료들에게 큰 불편을 끼치지 않고 함께 이동할 수 있겠다. 숙소로 돌아가 중정에서 조식을 먹고있는 동료들과 합류했다. 식사를 마칠 즈음 L교수님께 어렵게 말씀을 꺼냈다. "교수님, 저 이 숙소가 많이 힘들어서요. 밤새 한잠도 못 잤네요. 여기서 가까운 호텔을 알아보았거든요. 좀 전에 호텔에 다녀와서 예약 가능 여부를 알아보았어요. 가능하면 그 호텔로 숙소를 옮기고 싶습니다." L교수님께서는 내 이야기를 들으시더니 한참동안 말씀이 없으셨다. 정적이 흘렀다. 교수님은 골똘히 생각하시더니

"그 숙소는 얼마니?"
"1박에 **달러에요."
"그 정도면 괜찮네. 오늘 바로 체크인이 가능하다고? 그럼 오전 일정 진행한 후 체크인 하면 되겠다. 불편한 점 있으면 언제든지 이야기해 줘."
"감사합니다."

휴, 다행이다. 쾌재를 불렀다. 이번 쿠바여행은 멋질 것 같다. 이 호텔과 함께라면.

쿠바의 낭만은 어디에?

매일 촘촘한 일정이 이어졌다. 열흘의 일정 중 오가는 4일을 제외한 6일동안 4회의 공연을 해야한다. 공연 외에도 페스티벌 공연 관람과 방송 인터뷰, 한글학교와 음반사 방문 등 숨가쁜 스케쥴이다. 첫번째 공식 스케쥴은 페스티벌 개막작 관람으로 쿠바 오케스트라 공연이다. 얼마전 월트 디즈니 콘서트 홀에서 LA Phil의 공연을 보고 왔기에 쿠바의 오케스트라는 어떨지 궁금했다. 남미의 클래식음악은 배네수엘라 출신의 세계적인 지휘자 구스타보 두다멜이라는 인물로 상징할 수 있겠다. 구스타보 두다멜은 클래식음악의 불모지인 베네수엘라의 엘 시스테마를 통해 배출된 음악계 최고의 스타가 아닌가. 엘 시스테마는 범죄와 폭력으로 물든 베네수엘라에서 어린이들에게 '무기 대신 악기를' 쥐어주며 도시 전체를 음악으로 재생시킨 예술 시스템이다. (이쯤에서 LA에서 함께 연주한 래리 스틴의 인터뷰가 떠오른다.)

쿠바 국립극장 대극장 무대에서 공연이 시작되었다. 장신의 여성 지휘자가 푸른 드레스를 입고 성큼성큼 걸어나온다. 오케스트라 단원들은 80프로는 흑인이고, 20프로는 히스패닉계로 보여진다. 힙합퍼처럼 노란 레게머리를 허리까지 치렁치렁 늘어뜨린 바이올리니스트. 삭발에 가까운 곱슬머리에 독특한 헤어밴드를 한 흑인 첼리스트. 가벼운 탱크탑에 미니스커트를 입은 클라리네티스트까지. 단원들은 검정색 옷으로 통일하기는 했지만, 기존 오케스트라의 연미복 격식을 파괴한 자유분방한 모습이다.

1부에서는 생상의 심포니가 연주되었다. 오케스트라 사운드는 그들의 패션과 머리모양 만큼이나 제 각각의 소리를 낸다. 지휘자는 지휘봉을 커다랗게 휘두르며 혼신의 힘을 다하지만 생상 심포니는 뒤로 갈수록 갈 길을 잃고 헤매었다. 2부는 라벨의 피아노 협주곡이다. 협연자인 남성 피아니스트의 연주력은 훌륭했다. 쿠바고등음악원에서 수학한 솔리스트라고 한다. 그럼에도 오케스트라가 매번 협연자의 발을 걸어 넘어뜨리는 것만 같다. 협연자는 이 불리한 게임을 역전시키려는 듯 필사의 의지로 긴 솔로곡을 앵콜로 연주한다. 카푸스틴의 곡이었을까? 재즈와 클래식이 혼합된 듯한 곡으로 상당한 연주 실력을 발휘하며 공연을 성공적으로 이끌었다. 재능과 열정을 갖춘 뛰어난 솔리스트가 수십명의 오케스트라 단원을 커버하는 것을 보며 자본주의와 공산주의를 떠올리게 했다.

체 게바라가 쿠바를 혁명으로 이끌었을 때, 자본가를 타도하고 인민을 공평하고 평등하게 잘 먹고 잘 살게 해주겠다고 선언했을 것이다. 과연 그 약속은 지켜졌을까? '국민은 일하는 척, 나라는 돈주는 척.' 쿠바에서 20년 가까이 살아오신 교민분이 쿠바의 사회상을 꼬집어 한 말씀이다. 한때 번영했으나 껍데기만 남아 쇠락한 도시. 무너진 공공시스템으로 인해 물과 전기 공급이 수시로 끊기고, 악취와 쓰레기가 난무하는 도시의 모습. 그 안에서 인간이 존엄하기도, 예술이 설 자리도 없어보인다. 자본이, 자본가가 세상을 양극화 시킬거라는 공산주의의 염려는 도리어 자신들의 세상을 '하향평준화'로 전락시켰음을 확인케한 공연이었다. 갈길을 잃고 우왕좌왕하는 쿠바 오케스트라는 쿠바 사회의 축소판 같았다. 이 공연은 LA에서 돌아오는 길에 보았던 영화 <크레센도>의 팔레스타인 음악가들을 떠오르게 했다. 내전으로 폭탄이 날아다니는 생존의 위협 속에 음악을 해야하는 팔레스타인 음악가들과 부자 나라 이스라엘의 음악가 사이에는 얼마나 커다란 장벽이 존재했던가.

빌 게이츠는 '인생은 결코 공평하지 않다' 고 했다. 그의 말대로 우리는 부자 부모를 선택해 태어날 수 없고, 엘리트 가문을 선택해 태어날 수 없다. 태어나는 순간부터 부와 유전자에 의한 불공평한 게임이 펼쳐진다. 자본주의는 개개인이 갖고 있는 세속적인 욕망과 무한한 잠재력을 인정한다. 노력을 통해 환경과 조건을 극복한 이에게는 역전의 기회를 허락하기도 한다. 고도의 경쟁사회인 한국에서 예술가로 살아가며 녹록치 않은 순간도 있지만 나의 원동력은 생존에 대한 절박함과 인정에 대한 욕구, 흘린 땀방울만큼 받을 수 있는 보상 때문이 아닐까?

이번 여행을 통해 미국에서 쿠바로 극단적인 세상과 극단적인 오케스트라를 경험하게 되었다. 자본주의의 제왕인 미국과 공산주의를 힘겹게 사수하고 있는 쿠바. 양 극단의 경제, 문화적 격차에 안타까움을 느끼며 공연장을 나섰다. 극장 로비에는 CUBA DISCO FESTIVAL 배너가 소박하게 걸려 있다. 쿠바 방송사에서 취재를 나온 리포터는 한국 공연단 한 명, 한 명을 카메라 앞에 세우며 축제에 참여한 소감을 묻는다. 쿠바 측에서 준비한 시끌벅적한 인터뷰와 환영식이 순식간에 지나갔다.

개막식 후 다급하게 찾아간 Vapor156 Hotel. 공연장에 있으면서도 단 하나 남은 호텔방이 솔드아웃 될까 안절부절했다. 다행히 방이 남아있다. 본부숙소에서 트렁크와 악기를 챙겨 이사를 하게 되었고 무사히 호텔에 체크인했다. 쾌적한 환경에서 쿠바의 하루하루를 보낼 수 있게 되었다. 미움받을 용기와 맞바꾼 6박 7일간의 외유가 될 것이다. 본부숙소에서는 나왔지만 팀의 구성원으로서 나만의 방식으로 최선을 다하기로 했다. 단체생활에 즐겁게 임하고 밤마다 열리는 본부숙소의 '테라스 라면파티'에 빠짐없이 참석하며 구성원들과 적극적으로 교류하고자 했다.

공식 일정에 뒷풀이까지 마친 후 밤늦게 호텔로 돌아가는 길은 고맙게도 친구 Y가 에스코트 해주곤 했다. 본부숙소에서 호텔로, 호텔에서 본부숙소로. 어수선한 골목길을 걷는다. 5분 남짓한 그 길에는 구식 자동차가 뿜어내는 지독한 매연이 자욱하다. 물건 없는 초라한 식료품점. 그 앞에 웃통을 벗고 앉아 무료하게 가게를 지키는 남자들. 가게 앞 하얀 개는 길 한복판에 벌러덩 누워 더위에 지쳐 잠을 자고 있다. 축 처진 젖을 부끄러움 없이 드러낸 하얀 개 앞을 지날 때마다 민망한 마음에 눈 둘곳을 찾아 헤매곤 했다.

LA의 주인 잘 만난 개들이 떠오른다. 위엄을 드러내는 대형 희귀 견공, 깜찍하게 멋을 낸 쁘띠 사이즈의 강아지는 주인과 함께 도도한 걸음으로 산책하곤 했다. 털의 빛깔은 반짝였고, 눈빛은 초롱초롱 했으며, 주인의 사랑을 듬뿍 받고 있어 인간

못지 않은 존엄한 존재로 보였다. 카페에 앉아 여유로운 시간을 보내며 나누는 인간과 개의 사랑과 인기는 인간인 내가 보아도 부러울 지경이었다.

사위가 고요해진 밤. 라면 파티 후 호텔로 향하는 길엔 자욱했던 매연도, 부끄러움을 모르던 하얀개도 없다. 이 길 위엔 내가 기대했던 쿠바의 모습은 찾아볼 수 없다. 쿠바하면 떠올리곤 했던 낭만과 열정마저도 자본주의가 만들어낸 허상 같은 것일까? 돌아가는 날까지 쿠바에 온 이유를 찾을 수 있을까? 호텔에 무사히 도착했고 쾌적하게 샤워를 마친 후 수면 유도제 한 알을 삼키고 깊은 잠에 들었다.

쿠바의 마법, 루프탑 공연

우리 공연단의 첫번째 콘서트는 석양이 드리울 무렵 루프탑에서 열릴 예정이다. '구암파라'라는 쿠바 뮤지션과의 잼세션도 준비되어 있다고 한다. 우리는 루프탑을 향해 이동했다. 노란버스는 우리를 낯선 골목에 내려주었다. 우리는 어느 건물로 인도되었고 작은 문 안으로 들어갔다. 좁은 계단을 오르며 무거운 악기들을 옮기기 시작했다. 건물 꼭대기층에 당도하니 작은 파티가 준비되어 있다. 파티룸 안에는 흥겨운 레게 음악이 흐르고 입구에서 쿠바 사내가 모히토를 연신 만들어내고 있다. 나는 레게 리듬을 타며 모히토 한잔을 받아들었다. 더위와 시차에 지쳐있지만 마음은 금세 흥겨워졌다.

이 건물의 주인인 뮤지션 구암파라의 DJ 히구에 부부가 마련한 환영행사다. 우리 13인이 테이블에 앉으니 작은방이 가득 매워졌고 모히토를 홀짝이며 조촐한 파티가 시작되었다. 이 가운데 DJ 히구에의 환영 멘트가 이어졌다. 시차 때문인지 나는 환영 멘트 내내 꾸벅꾸벅 졸고 말았지만 이곳은 의미 있는 예술 공간인 것 같다. 허리까지 땋은 레게머리에 커다란 선글라스를 쓴 DJ 히구에는 우리를 건물의 루프탑으로 이끌었다. 환영 파티를 마치고 루프탑에 오르니 홍대에 있을법한 클럽처럼 익숙한 모습이다. 루프탑을 감싸고 있는 벽에는 각종 그래피티가 그려져 있다. 벽 너머로 탁 트인 하늘과 구름, 낡은 건물들이 스카이라인을 이룬다. 쿠바, 무엇을 상상해도 그 이하인 나라지만 루프탑의 정경만큼은 예술적이었고 기대감으로 설레기 시작했다.

공연 1부는 한국에서 온 K-Arts, 2부는 쿠바의 구암파라, 3부는 합동공연이다. 루프탑 위에는 음향기기들이 있고 공연을 준비하는 스텝들이 일사불란하게 움직이고 있다. 쿠바에서 이토록 열심히 움직이는 사람들은 이들이 처음이다! 한낮의 더위가 물러가는 시간. 해가 고도를 낮추며 하늘 저편으로 멀어지니 쿠바의 찐득찐득한 공기도 한뜸 식혀지고 있다. 루프탑에 시원한 바람이 불기 시작한다. 공연장이 차려졌고 사운드 체크도 끝났다. 공연 시간이 다가오니 루프탑은 쿠바의 멋진 젊은이들로 가득 차기 시작했다. 루프탑의 분위기는 왁자지껄하게 생기를 띠기 시작했다. '남미의 북한'이라 할 수 있는 쿠바에 갑자기 힙한 시공간이 펼쳐지다니 믿을 수 없다. 장내에 흘러나오는 음악에 흥겨워진 관객들은 손에 럼과 맥주를 들고 무대 앞을 가득 메웠다.

우리 K-Arts 팀은 기악과 연희로 나뉜다. 전반부는 기악팀의 <쿠바시나위>, <경성의 노래>가 연주될 것이고, 후반부는 연희단이 준비한 사물놀이, 설장고합주 등으로 채워질 예정이다. 지는 태양을 뒤로 하고 연주를 시작했다. '내 뒤에 펼쳐진 황혼만큼 연주하는 동안 황홀했다.'라고 할 수 있다면 얼마나 좋을까? 척박한 모니터 환경 속에 연주를 이어나갔다. 많은 연주가가 출연하는 것에 비해 짧은 사운드 체크시간, 열악한 사운드 시스템이 문제였지만 오늘의 공연이 다음 연주의 자양분으로 작용한다면 고마운 일이다. 쿠바 공연 1차전은 석양과 함께 마무리 되었다.

후반부는 연희단의 공연이다. 석양빛에 가려져 흐릿하던 하늘은 힘차게 달아오른 음악에 힘입어 붉게 물들고 있다. 사물놀이 가락이 쿠바의 낯선 거리를 뒤흔든다. <귀의>라는 곡은 진도씻김굿부터 동해안별신굿까지 다양한 무속음악이 망라되어 있다. 생(生)과 사(死)를 다루는 심원한 음악인 굿음악은 언제나 가슴 깊은 곳을 후빈다. 나는 감동에 복받쳐 눈물을 훔쳤다. 쿠바의 관객들도 난리가 났다. 안 그래도 뜨거운 그들인데, 한국의 사물놀이가 그들의 마음에 불씨를 던진 것. 그들보다 내가 더 열광했지만!

일몰은 물러가고 캄캄한 밤이 되었다. 이제부터는 구암파라의 무대가 펼쳐진다. 알록달록 쪼르르 달린 알전구와 스탠딩 조명만으로도 루프탑 무대는 충분히 사랑스러웠다. DJ 히구에는 DJ박스로 엠비언스 음악을 만들고 이 위에 드럼, 트럼펫, 색소폰, 기타, 베이스, 2명의 보이스가 사운드를 더한다. 구암파라의 음악은 전자음악, 재즈, 팝, 레게, 아프로 큐반이 결합된 형태다. 자메이카풍 복장을 한 남성 보컬과 사랑스러운 히피펌으로 멋을 낸 여성 보컬이 프론트에서 음악을 이끈다. 여성 보컬은 바이올린을 켜기도 했고 남미 특유의 나른한 창법으로 노래했다. 나는 구암파라의 음악에 빠져들었다. '무엇을 상상해도 그 이하인 쿠바가 싫다!'고 심통이 나있던 나를 춤추게 만들었다. 쿠바의 음악이 이토록 근사한 것이구나! 주변 사람들이 건네주는 럼을 마시고, 맥주를 마시며, 춤을 추고, 웃고, 소리를 지르며 누구보다 신나게 루프탑 축제를 즐겼다.

쿠바에는 쿠바만의 시간이 흐른다. 밤이 깊었지만 DJ 히구에의 예술공간은 음악으로 가득하다. 주변이 온통 주택가인데 아무도 신고하지 않는다. 사운드 체크를 할 때도 그랬다. 바로 옆 건물 옥상에서 웃통을 벗고 아가를 돌보던 아저씨는 우리 음악에 맞춰 덩실대다가 와이프를 부른다. 그들은 옷을 차려입고 돌아와서 루프탑에 바싹 다가와 공연을 즐긴다. 쿠바 아가도 방긋방긋 웃으며 아빠 품에서 춤을 춘다. 엄마, 아빠, 아가까지 우리가 부리는 흥에 동조하고 리듬을 타고 춤을 춘다. 이게 쿠바다!

아래층으로 내려가 한껏 오른 신과 흥을 식히며 공간 이곳저곳을 둘러본다. 이곳은 건물 전체가 예술을 위한 공간으로 공연장, 아티스트 레지던스 등으로 구성 되어있다. 쿠바 유일의 민간 클럽이라고 한다. 밤바람을 쐬며 테라스에 앉아있으니 연주를 마친 구암파라들이 우르르 내려온다. 그들과 사진도 찍고 인사도 나눈다. 구암파라의 남자 보컬이 내 옆에 앉는다.

"노래 멋졌어! 구암파라 음악 좋더라!"
"너희 공연도 근사했어. 네가 연주한 악기 이름이?"
"해금."
"해금. 멋지더라. 사진 같이 찍자! 아, 그리고 전화번호 좀 알려줘."
"잠시만, 내가 명함 줄게….(뒤적뒤적)"

남자 보컬이 사라진줄 모르고 지갑을 뒤적대던 나에게 그

광경을 지켜본 우리팀의 친구들이 깔깔대며 얘기한다. "남자 보컬 옆에 여자 봤어요? 애인인거 같아요. 남자 보컬이 언니랑 친하게 얘기하니까 얼굴이 울그락불그락 해지더라고요. 전화번호까지 물어보니 노발대발하며 데리고 나간거 몰랐죠? 까르르…."

영문을 모르고 있던 나도 한바탕 웃고 (원래 아티스트의 애인 노릇은 힘든 것이다.) 노란버스를 타고 숙소로 향했다. 독한 매연과 싸구려 기름 냄새로 가득한 버스에서 쿠바의 밤거리를 가로지르며 생각한다. '꿈을 꾼 것은 아닐까?' 척박함과 가난으로만 느껴졌던 쿠바에서 예술과 신명이 흘러넘치는 신기루 같은 시간을 경험했다. 예술공간인 히구에의 루프탑은 아티스트들의 멋으로 채워졌고, 일부러 멋을 내지 않아도 시간의 흐름 속에 멋스럽게 낡아버린 건축물들, 거대한 하늘빛 풍광이 마법을 부려 감동적인 콘서트를 연출해주었다.

L교수님이 출국 전부터 "루프탑 공연 기대해. 엄청 멋있을 거야! 쿠바는 절대로 잊을수 없는 나라야. 다른 나라와 비교불가지. 엄청 매력적이라니까!"라고 하신 말씀의 의미를 조금 알 것 같다. '매력은커녕 이곳에 존재함 자체가 고통이다, 고생 고생, 생고생, 공연 극기훈련을 하고있다.'라는 억울한 마음이 누그러들고 있다. 이 낯선 여행이, 엉망진창 쿠바가 조금씩 좋아지고 있다.

쿠바에는 쿠바만의 시간이 흐른다.

관객으로 객석에서 극장을 즐길때도 좋지만 아티스트로서 극장 곳곳의 예술적 정취를 느낄 때 행복하다. 명성 있는 극장일수록 특별한 아우라에 휩싸여 있고 그 공간에 존재하는 것만으로도 스스로 훌륭해지는 기분이다. 위대한 예술가들의 열정과 혼이 깃들어 있기 때문일거다. 분장실 거울에 알알이 달려있는 은은한 조명 속에서 메이크업을 다듬고 의상을 입으며 예술가로 변신하는 시간을 좋아한다. 공연 전 백스테이지만의 공기빛깔이 있는데 그곳에 머물며 숨을 고르고 무대에 나갈 준비를 하는 시간을 사랑한다. 설렘과 떨림이 공존하는 특별한 시공간이다. 쿠바 국립극장도 기대된다. 오프닝 공연때 관객으로 와본 느낌으로는 국립극장으로 손색 없는 곳인 듯 했다. 명색이 국립아닌가. 다시 와보니 외관은 꽤나 크고 극장을 둘러싸고 야자수가 웅장하게 서있다. 악기와 의상을 들고 기분 좋게 극장에 들어섰다.

분장실은 아직 오픈 전이라기에 객석에 짐을 놓고 앉았다. 우리 공연팀은 오전부터 도착해서 공연 준비 하느라 분주한 와중에 극장 에어컨은 가동되지 않고 있다. 곰팡이 냄새 자욱한 극장은 바닥에 먼지가 이리저리 굴러다닌다. 끈적끈적한 더운 공기에 모기와 각종 벌레들이 달려들어 괴롭다. 극장 스텝은 에어컨을 켜주겠노라 약속한지가 언제인데 감감무소식이다. 무대 위에는 아무런 장치도 준비도 없는 상태다. 스텝도 보이지 않고, 책임자도 없어 보인다. 단상 작업과 조명, 사운드 체크, 테크니컬 리허설 등 공연 전까지 부지런히 일해도 부족할 판에 극장은 아직 개점 전인 것이다. 지나가는 스텝에게 왜 아무런 준비가 되어있지 않은지 물어도 그들은 태연하게 나도 모르겠고, 어쨌든 잘 될거라는 위로를 하고 사라지곤 했다. 남미에서 여러차례 공연 경험이 있는 K교수님은 "이 정도면 양반이다. 빨리 진행되고 있는 것이니 걱정하지 않아도 된다."고 예민해진 분위기를 다독이셨다.

에어컨이 가동되지 않는 더운 무대 위에서 연희팀은 겹겹의 의상을 입고 리허설을 진행한다. 장구를 메고 춤을 추고, 상모를 쓰고 자반뛰기를 한다. 리허설일지라도 혼신의 힘을 다해 너름새를 하고 노래를 한다. 음악팀도 리허설을 진행했다. 우리는 우리대로 할 일을 하며 극장직원들이 움직여 주기를 기도하는 수밖에. 음악 리허설이 꽤나 진행되고 나서야 에어컨은 가동되기 시작했다. 그마저도 미지근했지만. 극장 스텝들은 어디선가 하나둘 느릿느릿 나타나더니 단상을 설치한다. 꾸깃꾸깃, 꼬질꼬질한 천으로 단상을 두르기 시작한다. 음향 셋팅도 느릿느릿 진행이 되어간다. 조명도 얼추 맞춰지고 있다. 출연자 모두 마음 졸였지만 무대 셋업과 리허설이 마무리 되었다. 이제 분장실에서 쉬면서 메이크업을 하고 소리도 조금 내볼까 한다.

계단을 올라 분장실에 도착하니 감옥처럼 침침한 분위기다. 안쪽에는 낮은 칸막이를 친 화장실인데 그곳에 망가진 변기가 덩그러니 있다. 낡은 화장대도 두어개 있지만 화장실과 분장실이 한 방 안에 있어 역한 화장실 냄새가 공존한다. 이곳에서 공연 전 제공되는 도시락까지 먹어야 한다니 참담한 심정이다. 극장 분장사가 출연자 메이크업과 헤어를 담당해줄 수 있다고 했다. 분장사의 방에 가니 널찍한 공간에 조명 달린 화장대가 여럿 있어 분장실다운 분장실이다. 처음 본 쿠바 분장사에게 얼굴을 맡기기에는 겁이 났다. 쿠바와 K-뷰티 사이의 간극, 미의식에 차이가 있을 게 분명하다. 분장사의 방에 앉아 메이크업은 셀프로 하며 연주할 음악을 마음 속으로 정리해 나갔다.

어느덧 공연 시간이다. 루프탑 공연으로 쿠바 데뷔전을 치렀으니 한결 가벼운 마음으로 무대에 오른다. 스케쥴 사이사이 본부숙소에서 리허설을 하며 연주자들과 호흡을 맞췄다. 루프탑 공연을 복기하며 즉흥연주에 있어 무얼 더하고 빼야할지, 소리를 어떤 방식으로 내야할지 등에 관한 구상도 세밀해진 상태다. 국립극장답게 모니터 상태도 편안했고, 조명도 음악에 집중할 수 있는 근사한 분위기를 연출해주었다. 덕분에 만족스러운 연주를 해냈다. 연주를 마칠 때마다 쿠바 관객들은 기립박수로 성원을 보냈다. 연희팀의 공연이 이어질 때에는 관객들이 객석에서 일어나서 덩실덩실 춤을 추며 음악에 화답한다. K-POP 공연이 아닌 한국의 전통음악으로 이토록 뜨거운 환호를 받을 수 있을까 싶을 정도로 열렬한 반응이었다.

공연을 마친 후 인사를 하러 로비로 나가니 관객들로 인산인해를 이룬다. 그들은 우리 연주단보다 몇배는 더 격양된 상태이다. 한국음악의 힘이 이토록 세다니. 쿠바 관객들은 우리 공연단 곁에 와서 사인도 받고 셀피도 함께 찍으며 "네가 연주한 악기가 해금이지? 소리가 너무 아름다웠어."와 같은 찬사를 건네고 갔다. 우리 공연팀 모두 쿠바 관객들에게 큰 사랑을 받았다. 한국의 전통음악으로 완성도 있는 공연을 선보인 것은 물론 객석과의 호흡, 공연 후 관객과의 스킨쉽까지 흠잡을데 없이 멋진 공연으로 마무리 되었다.

어쩐지 머쓱해진다. 공연 전 노심초사하며 쿠바의 게으름과 무능을 탓하고 얕잡아본 것이. 공연날 마음이 조급해지면 쿠바에서의 공연날을 떠올리기로 하자. 동동거리지 않아도 다 잘될거라고. 쿠바만의 시간성에, 쿠바만의 방식에 점점 동의하게 된다. 쿠바에는 쿠바만의 시간이 흐른다. 남은 여정들도 쿠바만의 시간의 흐름대로, 다 잘될 것이다.

이것이 쿠바다!

쿠바에서의 마지막 공연은 멜라시어터가든 야외무대에서 펼쳐질 예정이다. 극장 앞에 조그마한 정원이 있는데 그곳에 야외무대가 차려지는 것이다. 앞선 공연들로 쿠바의 방식을 조금 이해하긴 했지만 오늘도 많은 난관이 우리를 기다리고 있을 것이다. 오늘 공연은 국립극장과 다른 레퍼토리로 구성했다. 나는 <경기무악에 의한 해금유희>라는 곡을 준비했다. 해금가락을 무수히 생성해낸 경기굿의 장단을 응용해 구성한 곡으로 2인의 타악주자와 연주한다. 올림채와 발뻐드레와 같은 독특한 장단을 소재로 삼아 리듬을 위주로 연주하는 다이나믹하고 독특한 곡이다.

이곳 멜라시어터가든 야외무대는 재미있게도 한쪽에 펍이 있다. 관객들이 원형테이블에 옹기종기 모여 맥주를 들이키며 자유롭게 콘서트를 감상할 수 있는 공간이다. 시끌시끌한 이국의 음성과 음악이 공존할 것을 생각하니 심란해진다. 남루한 야외무대도 그렇지만 이런 객석 분위기야말로 난관이 될 것이다. 내 음악이 저들의 수다 소리에 싸그리 묻혀버릴 수도 있겠다. 평정심을 가지고 연주를 즐기자는 마음으로 무대에 올랐다.

무대에 올라 깨~앵! 하며 연주를 시작했다. 북, 장구와 징까지 합세한 경기도당굿 장단에 맞춰 전위적인 해금소리로 연주를 이끈다. 무당이 신(神)의 말을 공수하는 소리와 서슬 퍼런 칼 위에서 춤추는 장면까지 상상력을 펼치며 연주한다. 굿판에 서있는 심정으로 두 명의 타악주자가 뿜어내는 장단에 올라타 이 흐름을 거침없이 휘몰아치고 싶다. 이어 도살풀이 시나위, 몰이의 전통가락으로 연주를 마쳤다. 연주를 마치자 예상 외로 뜨거운 박수가 터져나왔다. 다들 맥주를 마시며 수다 떨기 바쁜줄 알았건만 그들은 내 연주에 꽤나 심취했던 모양이다.

콘서트 직후 쿠바 관객들이 몰려왔다. 신문사 기자는 인터뷰를 요청하기도 했다. 루프탑 공연과 국립극장 공연, 멜라시어터가든 공연까지 모두 직관한 열혈 팬들도 있었다. 그들은 K-POP의 팬이기도 했고 한국을 사랑하는 사람들이기도 했다. 한국 아이돌처럼 한껏 멋을 내고 공연마다 따라다니는 쿠바의 젊은이들이 사랑스러웠다. 쿠바사람들은 현학적이고 섬세한 음악보다 리드미컬하고 역동성을 지닌 음악을 즐기는 것 같다. 리듬에 몸을 맡기고 언제든 춤을 출 수 있는 음악 말이다. 때로는 거칠 정도로 강렬한 소리를 내는 해금이 더위로 나른해진 쿠바인들의 마음에 가닿은 것 같다.

공연을 마치고 호텔로 돌아가는 길. 허름한 주택가 앞에 아줌마, 아저씨들이 빙 둘러서있다. 조그만 라디오에서는 흥겨운 라틴 음악이 흘러나온다. 아줌마, 아저씨들은 주변의 시선에 아랑곳 하지 않고 엉덩이와 골반을 섹시하게 흔들며 춤을 춘다. 내가 꿈꾸던 쿠바의 모습은 이런것이었지. 마음의 흥을 따라, 몸의 리듬이 흐르는대로 춤출 수 있는 자유를 가진 사람들이 많은 나라. 이것이 쿠바다!

Vapor156 Hotel, 친절이란 이름의 하얀 손수건 같았던

쿠바에서 지내는 날들 가운데 가장 좋았던 순간을 꼽아보라면 공연의 순간도, 시티 투어의 순간도 아닌 호텔에서 글을 쓰던 시간이다. 쿠바와 한국은 13시간의 시차가 있기에 적응이 쉽지 않았다. 투어 기간 중 딱 하루 푹 잔 것을 제외하고 숙면을 취한 날이 없을 정도로 수면에 애를 먹었다. 그럼에도 호텔에서 보낸 시간은 꿀같은 휴식이었고 밤이면 쾌적한 환경에서 글을 쓸 수 있었다. 6박7일을 보낸 Vapor156 Hotel은 내게 사막 가운데 오아시스가 되어주었다.

Vapor156 Hotel은 작은 부띠끄 호텔이다. 허름한 주택가에서 간판도 없는 이 호텔을 찾기란 쉽지 않다. 일반 가정집과 다름 없는 하얀 대문을 열고 들어가면 자그마한 로비와 개인 책상 같은 프론트 데스크가 있다. 로비에는 고상한 앤틱 가구들이 아늑하게 자리잡고 있다. 하얀 소파와 금테를 두른 거울, 붉은꽃이 화려하게 꽂혀있는 그리스풍의 화병. 중정에 루프탑까지 벽을 가득 메운 싱그러운 담쟁이 식물에 눈이 시원하다. 아담한 중정에 가득 들어오는 햇살은 호텔 전체를 환하게 빛내주었고 탁 트인 개방감을 느끼게 한다. 중정 레스토랑에서 매일 아침 조식을 먹는 것이야말로 작지만 확실한 행복의 순간이었다.

호텔 2층으로 올라가면 중후한 8인용 나무식탁이 자리를 잡고 있다. 호화로운 샹들리에와 유럽풍 가구, 식기들로 공간이 채워져 있다. 발코니로 나갈 수 있도 있고, 중정을 통해 호텔 전체를 조망할 수도 있는 이 공간은 저택의 거실 같은 느낌이다. 내 방에는 책상이 없었기에 거실 공간이 소중했다. 거실은 낮에는 자동차 매연이 들어와 공기가 매캐했고 에어컨이 없었다. 꿉꿉한 더위 속에 글을 쓰기는 어려운 노릇. 밤이 되길 기다린다.

밤이 되면 열대지역 특유의 습기는 어디로 물러나는 걸까? 자동차가 다니지 않는 밤이면 언제 그랬냐는듯 공기가 쾌청해진다. 방문을 열고 거실로 나가면 선선한 여름밤의 무드를 만날 수 있다. 식탁에 홀로 앉아 노트북을 켜고 글 쓸 준비를 한다. 매니저에게 커피를 부탁하면 그는 "밤인데 커피 괜찮아?"라고 친절하게 물은 후 카푸치노를 만들어오곤 했다. 사위가 고요하고 바람이 소슬하게 불어오는 밤. 매니저가 가져다 주는 커피를 마시며 글을 쓰고 있노라면 호텔 전체가 내것처럼 느껴지면서 유럽 어느 저택의 마님이라도 된 듯 했다. (이를테면 조르주 상드 같은!)

공연을 하고 밤늦게 돌아오는 날이면 호텔 매니저가 2층 테라스에서 망이라도 보듯 나와있다가 내가 돌아오는 모습을 발견하고 후다닥 내려와 문을 열어주기도 했다. "늦었네! 네가 하루종일 보이지 않아 걱정했어! 무슨 일 있었던 건 아니지?"라며 걱정 어린 눈으로 맞이해 주었다. 공연 후 한껏 상기되어 씩씩한 걸음으로 호텔 안으로 들어가며 "나

오늘 공연했거든, 하루종일 극장에 있었어. 걱정해주어 고마워!"라며 그를 안심시켰다. 모든 일정을 마치고 체크아웃 하기 전날 밤. 단 하루 주어진 단비 같은 시티투어를 마치고 늦은 밤 호텔로 귀가했다. 매니저에게 "나 내일 아침 떠나. 비행기 시간 때문에 새벽 5:30에는 호텔에서 나가야 해"라고 했다.

"내일이 떠나는 날이구나. 그럼 새벽 5시에 조식을 준비해 줄게! 계란요리는 어떤거 원해? 내가 다 만들 수 있거든."

"아침 먹을 시간이 충분치 않을거야. 커피와 빵이면 충분해. 아참, 나 이 호텔에서 추억을 남기고 싶어. 사진 찍어줄 수 있어?"

"물론! 자, 어디서 찍을까? 여기 앉아봐!"

그렇게 Vapor156 Hotel에서 한밤의 포토세션이 진행됐다. 매니저는 사진을 찍으며 "내 심장 부서졌어, 너 너무 아름다워!"라며 흥을 돋궈주었다.

다음날 새벽 5시 짐을 챙겨 로비로 내려가니 매니저는 프론트 데스크에 앉아 잠을 자고 있다. 인기척을 내니 화들짝 잠에서 깨어난 매니저는 키친으로 들어간다. 비행기를 타러 가야 하는 긴박한 상황에도 쿠바 타이밍이 적용된다. 그는 느릿느릿 커피를 만든다. 급한 마음에 키친으로 뛰어들어갈 뻔 했으나 인내심을 갖고 기다려본다. 발을 동동 구르며 "나 늦었어, 빨리 나가야 하는데…."라며 울상을 지으니 아빠라도 된듯 긴 둘째 손가락을 내 얼굴 앞에 갖다대고는 "No! 조금만 기다려, 이거 먹고 가야해."라고 단호하게 말한다. 나는 중정 레스토랑에 서서 급히 커피를 들이킨다. 그는 빵을 구우러 키친에 다시 들어갔다. (쿠바인은 커피를 만들면서 빵도 구울 수는 없는 것인가?)

마침내 빵도 구워져 나왔다. 따끈따끈한 빵에 버터를 듬뿍 발라서 크게 한 입 먹었다. '와, 잊을 수 없는 맛이다!' 어린아이처럼 미소가 지어진다. 그는 이제야 만족스런 눈으로 나를 바라본다. 따뜻한 빵 위에 녹은 버터처럼 마음이 보드라워진채로 공항으로 향하는 버스에 올라탔다. 화려한 조명 속에서 연주를 하고, 뜨거운 박수를 받은 순간 보다 이렇게 자그마한 순간들이 마음에 남는다. 누군가 친절이란 이름의 하얀 손수건을 건네준 것처럼.

일본 도쿄

츠타야서점과 해피앤딩

다음 행선지는 츠타야 서점이다. 서점을 사랑하는 사람들에게 성지가 될만한 곳. <츠타야>는 서점은 책을 판매하는 곳이라는 1차원적인 개념을 부수고 서점의 의미를 다각적으로 확장했기에 꼭 방문해보고 싶었다. 마쓰다 무네아키는 <츠타야>의 CEO로 경영과 마케팅, 기획에 관한 『지적자본론』, 『취향을 설계하는 곳, 츠타야』라는 책을 썼다. 츠타야는 도쿄에만 해도 여러 곳이 있지만 그가 힘주어 이야기했던 다이칸야마를 찾아갔다.

한낮의 봄. 다이칸야마는 세련되고 신선한 기운으로 가득했다. 서울의 한남동처럼 갤러리와 카페가 모여있는 고급스러운 마을 분위기다. 다이칸야마의 기운을 만끽하며 걷다보니 어느새 츠타야에 당도했다. 유리로 지어진 츠타야는 푸르른 나무들과 패셔너블한 청년들에 둘러쌓여 있다. 사람이 최고의 인테리어라는 말에 동감하는 편인데, 이곳에 드나드는 젊은이들의 에너지가 츠타야를 빛내고 있었다.

들어서니 예술서적이 한가득 꽂혀있다. 매출에 가장 큰 비중을 차지할 1층에 베스트셀러가 아닌 사진집과 미술도록으로 가득하다니 놀라웠다. 서가 곳곳을 누비며 츠타야 큐레이션의 과감성과 전문성에 감탄을 거듭한다. 서가에 꽂힌 책들의 타이포그라피만으로도, 소장서의 위엄만으로도, 서가 사이사이 유리창으로 스며들어오는 나른한 빛의 기운만으로도, 황홀감에 휩싸인 시간이다.

서가 곳곳에는 그림책에 등장하는 사랑스런 캐릭터들이 책으로, 굿즈로, 인형으로 존재하고 있다. 이 캐릭터들은 한 사람이 아이에서 어른으로 성장하기까지 오랜 시간을 함께했음을, 다양한 판본으로 변주되며 새로이 태어나고 있음을 알게 된다. 세월의 흐름에 부식되지 않는 세계를 만드는 강고한 힘은 어디에서 왔을까? 나의 세계 또한 강고하기를 발원하는 마음으로 서가 사이를 걷는다. 전 생애에 걸쳐 작업을 이어나가며 많은 사람에게 영감을 주고 사랑받을 수 있는 세계를 키워나갈 수 있기를! 서가에서 수런수런 들려오는 작가들의 목소리를 들으며 큰 응원을 받은 기분으로 츠타야를 나섰다.

바람이 선선히 불어오는 5월의 도쿄는 여행하기에 사랑스러운 계절이다. 저녁빛이 길게 이어지는 다이칸야마를 사뿐사뿐 걸어 본다. 작고 멋스런 골목에 단정하게 세워올린 건물들은 하나같이 깨끗하고 엄격하게 관리되고 있는 것 같다. 가게 앞에는 잔잔한 꽃들로 아기자기하게 장식되어 있고 거리에는 먼지 한 톨 없이 청결하게 빛난다. 한참을 걷다 아바나라는 푸드트럭을 만난다. 푸드트럭에는 탐스런 야자수와 수평선에 두둥실 떠 있는 태양이 그려져 있다. 웃음이 터진다. 오 마이 갓. 내 마음 속 아바나도 저런 것이었는데! 하며 사진 한 장을 남긴다. 다이칸야마의 늦은 오후 낮게 드리우는 환상의 빛 속을 마음껏 걸었다.

다음 일정을 위해 다이칸야마를 떠나 도쿄 이곳저곳을 택시로 누비게 되었다. 일종의 미친짓인데 내딛는 스텝마다 꼬였기 때문이다. 예약해 둔 전시를 보러 40분 가량 택시를 타고 도착해보니 몇 해 전 이미 보았던 전시다. 두 번 보고 싶지는 않았던 전시였기에 예약을 취소하고 신주쿠로 향했다. 밤이 내리자 그곳은 악마의 소굴처럼 변신해있다. 호스티스바와 호스트바, 술집이 난무한다. 신주쿠 뒷골목은 동공이 풀린듯한 젊은이들, 섹스를 찾아 헤매는 듯한 기묘한 분위기의 사람들로 들끓는다.

택시를 타고 시부야로 이동한다. 신중한 검색 끝에 시부야의 스시집에 당도했다. 지하로 내려가는 길이 어쩐지 수상하다. 고급요리집이기는 하나 입구에서부터 하수구냄새가 난다. (쿠바에서 격렬하게 겪었듯 냄새는 못 참는다.) 과감히 결단을 내린다. 도망치듯 그 곳을 빠져 나왔다.

"스미마셍, 저희 다음에 올게요!"

몇 시간을 굶었을까. 실망스런 마음과 지친 몸뚱이, 약간의 오기로 시부야의 거리를 걷는다. 이 밤을 여행자들이 흔히 저지르는 실수, 문맹의 설움으로 엉터리 음식을 시켜놓고 주린 배를 채우고 싶지는 않다. 비장해져가는 마음과 엉켜만 가는 스텝 속에 평범해 보이는 식당 앞에 멈춰섰다. 안을 들여다보니 셰프가 제법 많다. 오픈 키친 안에 6-7명의 인원이 일사불란하게 움직이고 있다. 망설임 반, 기대 반. 자리를 잡고 앉아 다급하게 맥주부터 주문한다.

"산토리 몰츠 비어 구다사이!"

산토리 몰츠 비어는 탐스러운 거품과 함께 찰랑대며 얼음잔에 담겨 나왔다. 도무지 잊을 수 없는 맛이다! 알맞게 담긴 거품만큼이나 실력을 갖춘 식당임을 알 수 있다. 화이트와인처럼 과실향이 풍부하게 흘러나오는 산토리 몰츠 비어는 도쿄에서 동으로, 서로, 북으로, 남으로 종횡무진 하며 도쿄행 비행기 티켓값에 버금가는 택시비를 쓰고만 참담한 여행자의 심정을 단번에 위로해주었다. 조바심으로 선택된 메뉴들이 차례로 나온다. 문어 샤브샤브, 냉우동, 굴튀김, 그리고 사시미까지. 기대 이상의 참된 일본의 맛이었다.

시부야의 밤거리를 한껏 들뜬 마음으로 걷는다. 작은 까페 앞에서 귀여운 여성이 행인들에게 커피를 시음시키며 호객 행위를 하고있다. 시음한 커피맛에 홀린듯 까페로 들어갔다. 노천 까페에 앉아 고소한 라떼와 파운드케익으로 하루를 달콤하게 마무리한다. 휘영청 떠있는 달을 바라보며 느긋해진 마음으로 "시부야의 밤이 좋다!"고 말한다. 단추 하나를 잘못 채웠을지언정, 마음을 가다듬고 바로 잡아간다. 하루를 해피앤딩으로 마무리 하기 위한 노력을 멈추지 않는다. 인생도 마찬가지일 거라고 믿고 있다.

당신을 부검한다면 무엇이 나올까요?

무라카미 하루키 도서관을 찾아갔다. 최근 와세다 대학교에 개관한 무라카미 하루키 도서관은 하루키의 팬들에게 화제의 장소이다. 하루키는 에세이 『단정한 자유』 안에 한 부분을 차지할 정도로 나의 세계에 영향을 준 작가이다. 음악만 알던 내가 책이라는 세계에 빠져들면서 작가들이 쓴 창작론에 관한 책들을 집어들게 되었다. 창작에 대한 욕구 때문이었을 것이다. 음악하기와 글쓰기는 도구가 다를 뿐 같은 맥락에 있는 것이라 느껴졌다. 하루키도 재즈바를 운영하면서 재즈에서 글쓰기를 배웠다고 하지 않았던가.

『직업으로서의 소설가』와 『수리부엉이는 황혼에 날아오르지 않는다』와 같은 하루키의 책들은 자신의 창작법에 관한 이야기를 상세하게 다룬다. 힘이 빠질 때, 좌절감이나 불안감을 느낄때마다 찾게되는 책이다. 전통음악이 갖고 있는 스페셜리티가 있지만 동전의 양면처럼, 전통이라는 한계와 벽에 부딪힌적도 많다. 그럼에도 나아갈 수 있는 건 하루키가 노년까지 일궈나간 꿋꿋한 창작활동에 용기 얻기 때문일거다. 하루키야 등단과 동시에 세계적인 베스트셀러 작가로 올라선 케이스이기에 나와는 거리감이 있지만. 그가 털어놓는 작가로서의 일상을 들여다보면 '나도 이만큼 꾸준히 강도 높게 음악을 하고 글을 쓰고 있는가? 좋은 컨디선을 위한 자기관리는?'에 대해 질문하게 한다. 내게는 참 소중한 하루키.

택시를 타고 와세다대학교 정문으로 들어갔다. 여러 도서관과 박물관을 지나 무라카미 하루키 도서관 앞에 도착했다. 도서관 주변을 둘러본다. 하루키의 명성에 비해 소박한 규모인 듯 하다. 귀여운 고양이가 그려진 입간판으로 도서관 내 카페를 안내하는 것을 보니 하루키답다. 통유리로 된 건물 안으로 들어가니 빛이 잘 드는 환한 로비가 있고 넓직한 계단 공간이 있다. 이 문학적인 계단을 사뿐사뿐 올라본다. 계단을 따라 하루키와 관련된 작가들의 책이 벽을 가득 메우고 있다. 2층의 우측은 하루키가 사랑하는 레코드를 모아놓은 뮤직룸, 좌측은 하루키가 쓴 책을 모아놓은 도서관이다. 각 나라의 언어로 번역된 나라별로 다른 판형에 다양한 표지를 입은 책들이 빼곡히 꽂혀있다. 하루키가 번역한『폴라익스프레스』라는 그림책도 보인다. 아들 케빈이 어렸을 때 수십번 읽고 들었던 책이기에 반갑다.

도서관 한 가운데 놓인 긴 책상에 앉는다. 다양한 인종의 사람들이 모국어로 되어 있는 책을 꺼내 읽고 있다. 나는 『저녁 무렵에 면도하기』라는 책을 읽는다. 하루키가 <앙앙>이라는 잡지에 연재했던 짧은 산문을 엮은 책이다. 사소한 소재들이기에 이게 글감이 될까? 싶지만 밀고 당기는 묘한 리듬감으로 쭉쭉 읽어나가게 하는 힘이 있다. 묵직한 깊이와 방대한 세계관을 가진 장편소설부터 싱거운 소재로 엮은 초단편 산문, 여행기, 그림책, 창작론, 자기계발서에 가까운 에세이에 이르기까지. 하루키는 인생을 오로지 글로 채운 사람이다. 자신이 좋아하는 작가인 스콧 피츠제럴드, 레이먼드 카버의 글을 번역하며 휴식하곤 한다니. 글로 받은 스트레스를 글로 푸는 작가라는 점이 재미있다. 하루키 도서관을 나서며 나의 세계를 하루키처럼 넓고 단단하게 일구어 나가고 싶다고 생각한다. 도서관 앞 자그마한 숲길을 걸으며 '시간이 줄어들고 있다. 남은 생애 동안 최선을 다해 연주를 하고 글을 쓰자.'라고 다짐한다.

이번 여행길에는 얀 마텔의 『포르투갈의 높은 산』을 읽었다. 로드무비 같은 판타지 소설이다. 사랑하는 가족을 잃은 주인공이 생의 의미를 갈구하며 포르투갈의 높은 산을 향해 떠나는 이야기다. 소설은 크게 세 개의 챕터로 구분되는데 그 중 어느 병리학자의 이야기가 나온다. 그는 한밤중 갑자기 찾아온 낯선 여자에게 이상한 요청을 받는다. 사랑했던 남편의 시체를 부검해 달라는 것이다. 병리학자는 망설임 끝에 여자가 트렁크에 담아온 남편의 시체를 부검하기 시작한다. 농부였던 남자의 몸에서는 흙, 농사기구, 밀, 짚, 트럼프 카드와 같은 물건들이 쏟아져 나왔다. 하루키를 부검한다면 도서관을 지을 정도의 책과 레코드 판이 나오겠지. 운동화와 운동복도 나올 것 같다.

내가 죽은 후 나의 몸을 부검한다면? 악보, 음반, 해금 줄, 말총, 송진, 책 더미와 두루마기처럼 펼쳐져 나오는 글, 아이의 장난감, 요리도구와 같은 것들이 나오지 않을까? '당신을 부검한다면 무엇이 나올까요?'와 '당신의 삶을 무엇으로 채우고 싶습니까?' 이 두 가지 질문은 츠타야서점과 하루키도서관을 거니는 동안 침묵 속에 떠오르곤 했다.

그간의 글을 돌아보니 일상 속에 서재에서 쓰던 것과는 다른 느낌이다. LA와 아바나, 도쿄까지. 여행지에서 무리하게 버둥대며 글을 쓰지 않았다면 몰랐을 일이다. 여행지에서 받은 영감으로 인해 정신의 힘이 넘쳤다고나 할까. 봉인이 해제된 듯 사고가 자유로울 수 있었고, 삶에 대한 상상력이 넓어지기도 했다. 검열 없이 내 안에서 무언가가 자연스럽게 흘러나오곤 했다.

그 무언가는 일상에서는 꺼내보지 못할만한 인생의 방향성에 관한 깊이 있는 고민이거나, 삶에 대한 강렬한 열정과 의지 같은 것이었다. 그것들을 실시간으로 적어내려간 글에는 특별한 힘이 깃들어 있었던 것 같다. 여행길에서 정신적으로 긴장하고 체력적으로 고된 시간들도 많았지만 나 자신에게 얻어낸 다짐도 있어 기록하고 싶다.

마음의 소리에 귀 기울일 것

나 자신에게 솔직할 것

삶을 좋아하는 일과 사람들로 채워나갈 것

설레는 일을 할 것

도전하고 싶은 일은 반드시 해볼 것

멈춤 없이 늘 길 위에 있을 것

새로운 나 자신을, 새로운 예술세계를 추구할 것

미국 뉴욕

어떻게 살 것인가 vs 어떻게 여행할 것인가

올해 많은 여행을 했다. 미국의 LA와 쿠바의 아바나, 일본의 도쿄. 또 한 번의 여행을 결심했다. 이번에는 뉴욕이다! 아들과의 뉴욕 여행을 계획하며 『론니 플래닛 뉴욕』, 『셀프 트래블 뉴욕』을 샀다. 곁에 두고 제대로 읽어본 적은 없다. 언제나 그렇듯 여행지에 대한 정보도, 계획도, 예약도 허술한 채로 떠나게 될 것이다.

다만 여행을 결심한 이후부터 곽아람 작가의 『나의 뉴욕 수업』이라는 책을 어디든 들고 다녔다. 정보만 들어있는 가이드북은 도무지 읽히지 않았지만 『나의 뉴욕 수업』에는 저자의 뉴욕 1년살이, 서울시립미술관 전시로 뜨거운 관심을 모았던 에드워드 호퍼의 그림, 뉴욕의 미술관에 관한 이야기들이 담겨 있으니 마음이 갔다. 작가에 대한 호기심으로 그가 펴낸 모든 책을 주문했고, 뉴욕과 관련 없는 책들까지 읽어내려갔다. 바쁜 와중, 여행 정보 수집은 하지 않고 그저 마음가는대로 책읽기에 시간을 쏟았다.

『나의 뉴욕 수업』에 따르면 뉴욕은 터프한 도시. 버스에서 어깨를 부딪히면 'Sorry' 보다는 'Fu** you!'로 응수하고, 시간을 물어보면 "지금은 네가 시계를 사야할 시간!"으로 답한다고 한다. 비행기 안에서 『나의 뉴욕 수업』에 나온 뉴요커들의 불친절함에 대한 에피소드들을 아들과 함께 읽으며 까르르 웃곤 했다. 그렇게 나는 애지중지 들고 다니던 『나의 뉴욕 수업』을 뉴욕행 비행기에서 가열차게 완독한 후 장렬히 잠들었다.

뉴욕으로 출국하기 전 바쁜 일상을 보냈다. 출간을 앞둔 새로운 음반과 책에 관한 구상과 회의들이 이어졌다. 여기에 하나의 루틴이 추가된 것이 학원을 마친 아들을 데리고 도서관에 가는 것이었다. 학원 스케쥴이 추가된 것이 변화라면 변화이다. 아들의 단호하고 분명한 요구 때문이었다.

"엄마, 나 학원 보내줘. 수학학원은 황소가 좋대. 나 거기 시험보고 싶어."
"엄마, 나 영어학원 다녀야 할 것 같아. 청담어학원이랑 스파크, 크라센. 이런 데에 친구들이 다니는데, 거기 다니고 싶어."

책과 여행 같은것들로 아이의 유년기와 청소년기를 채워주고 싶었던 나의 낭만적인 교육관에 균열이 일어나기 시작한 것이다.

그렇게 5학년 여름방학을 마무리할 즈음부터 아들과 학원 입학 시험 투어를 하게 된다. 대치동만큼이나 과열되어 있다는 근처 학원가에 입성하며 마음이 복잡해졌다. 반면 아들은 새로운 학원을 다니며 꽤나 열성적이고 성실한 모습을 보였다. 아들이 먼저 방향키를 틀은 셈이다.

아들은 나와는 다르게 '대한민국 표준'을 지향하는 성향인 것 같다. 나에게도 새로운 질문이 생겼다. 아이의 공부, 진학, 미래. 그렇다면 아들을 핑계 삼아 '어디 한번 가보자. 세계에서 가장 좋다는 대학. 구경이나 해보자!'라며 뉴욕행 비행기에 몸을 실은 것이다.

착륙을 조금 앞두고 아들은 옆에 앉은 아저씨와 대화를 나누는 듯 했다.

"몇 살이니? 미들스쿨?"
"아니요, 초등학교 5학년이에요."
"옆에는 누구야?"
"엄마요."
"누나 아니야?!"

라는 소리가 살풋 들렸다. 나를 누나로 알아봐준 고마운 아저씨와 비행기에서 내리기 전 대화를 나누게 되었다. "아이가 참 예쁘네요. 밤톨같아. 머리 한번 쓰다듬어도 되겠니?"라며 친근하게 말을 건다.

"우리 아이들은 삼형제인데 모두 맨해튼에 살아요. 산 지 20년이 넘어서 시민권도 다 받았고…. 저는 1년에 3번씩 아이들 보러 왔다갔다 해요."
"아, 그럼 자녀분들이 대학도 여기서 나왔겠네요?"
"네. 큰아들은 뉴욕에서 의대 나와서 브루클린 병원 의사가 됐고, 둘째는 파슨스스쿨 나와서 패션 브랜드 톰 브라운 아시죠? 거기 디자이너가 됐고, 셋째도 뉴욕에서 의대 갔다가, 의사 시험 떨어지더니 미국 경찰이 됐어요. FBI 그런거 아시죠?"

"와아…. 모두 잘 키우셨네요. 대단하세요."

입국 심사를 기다리는데 바로 뒤에 대기하던 한 여성이 아들에게 와서 말을 건다.

"너 몇 학년이니? 우리 아들이랑 비슷하겠다."
"5학년이요."
"어머! 우리 아들도 5학년인데, 동갑이네! 옆엔 누구야? 누나야?"
"엄만데요."
"어마마 까르르르.. 웬일이니! 어머, 누난줄 알았어요! 어머나 웬일이야!(자랑은 아닙니다만, 안경 끼고 추리닝을 입으면 초딩룩이 완성됩니다, 여러분)"

여성분의 호들갑과 친화력은 대단했고 그렇게 대화가 시작됐다.

"우리는 큰 딸 보러 가는 길이에요.
"아, 따님이 미국에서 대학 다니나봐요?
"네, 미국에서 보딩스쿨 나와서 듀크대 입학했거든요.
"어머, 좋은 대학 보내셨네요. 대단하세요.

"그쵸. 너무 잘 됐어요…. 그나저나, 어디사세요?

아들이 대신 답한다.

"○○마을 살아요."
"어머! 그 동네! 거기 좋은 학원 많죠. 학군도 좋고. 아이들도 순하다던데! 내 동생이 의사인데 일부러 그 동네로 이사 갔잖아요."
"네…. 저는 학원 잘 몰라요. 우리 아들은 여태껏 운동 좋아해서 운동 많이 했고요. 영어학원은 이제 다니기 시작했네요."
"어머, 그렇구나…. 우리 아들, 다른 건 몰라도 영어는 잘 해요. 애 아빠가 주재원이라서 ○○랜드에서 좀 살다오기도 했고…. 아무튼, 영어, 수학 다 중요해요! 학원 그리고 공부 절!대! 쉬면 안되는거 아시죠?!"

여성의 말에 그집 아들내미가 우리 아들에게 말을 얹는다. "너 영어, 이미 늦었어."라고.

기가 막혀서 말문이 막혔다.
"늦었다니? 아줌마는 지금도 영어 공부하는데! 세상에 늦은 게 어딨어, 늦었다 생각할 때가 가장 빠른 거야! 이 녀석아!" 하며 꿀밤을 날렸다, 면 얼마나 좋았을까?

아들과 나는 입을 닫았다.

JFK공항에 내려서 리프트를 타고 호텔로 이동한다. 흡사 중국 여배우 공리를 닮은 섹시한 동양여성이 리프트 기사다. 어여쁜 기사는 친절하게 말도 걸어주며 동양여성 특유의 싹싹함을 발휘한다. 내 또래로 보이는 이 여성은 홍콩에서 건너왔다고 한다. 21살에 아이를 낳았고 그 아이가 벌써 16세라고 한다. 남편이 대학 때 뉴욕에서 공부하기도 했고, 아이 교육 때문에 이곳으로 왔단다. 아들은 몇 년 후면 대학 입학 예정이고, 희망하는 대학은 NYU. 이곳 환경을 좋아하기도 하고, 공부도 열심히 한다는 아들에 대해 담담히 말한다. 이 여성은 아이가 하교할 때까지 집안일을 하고, 하교 후에는 아이 식사를 챙기고, 밤이면 리프트 운전을 하고, 늦은12시-새벽2시 사이에 퇴근 한다고 한다.

그날 밤 시차도 있고 비행기와 공항 사이에서 만난 이들의 미국 대학 입학 성공과 분투에 관한 이야기에 마음이 혼란해 잠들지 못했다. 게다가 호들갑 여성의 아들이 무심코 던진 "너 이미 늦었어." 라는 말까지 귓전을 때렸다.

10년의 육아기간 동안 아이와 느긋하게 여러 도시를 여행했고 도서관에서 실컷 책을 보고 도서관 근처 맛집을 찾아다니고 산책로를 개발하며 시간을 채워왔다. 아이의 취향을 존중하고 공통 화제로 대화를 많이 나눌 수 있는 관계를 형성하고자 했다. 그게, 틀렸나?

양 1마리…, 양 2마리…, 양 3마리….나에게 한국식 사교육을 뒷바라지 하거나, 미국 유학을 시킬만한 경제적인 능력이 갖추어져 있는가? 에 대한 질문으로 기울자, 양 1337마리, 양 1338마리…. 난 결국 잠들지 못했다.

"갑자기 주어진 자유 속에서 나는 어쩔 줄 몰라 하며 허덕이고 있었다. '어떻게 살고 싶은가'를 숙고한 후 마음을 다잡는 것이 필요했다. 돌이켜보면 욕망보다 당위에 따르며 살아온 인생이었다. '하고 싶은 것'을 '해야 하는 것'보다 우선순위에 둔 적이 거의 없었다. 학창시절에는 성실한 학생이었다. 휴학 1번 하지 않고 대학을 최우등으로 졸업하자마자 취직했다. 그리고 성실한 회사원이 되었다. 학교에서는 성실함이 성과를 낳았지만, 사회에서는 성실함과 성과는 딱히 상관관계가 없었다. 나는 성실하나 평범한 직장인이 되었다. (…) 한번 쯤은 '해야 하는 것'이 아니라 '하고 싶은 것'을 하며 살아보고 싶었다. 언제나 미래를 대비하며 살다보니 내 인생에 '지금'이 없었다. 하고 싶은 것은 언제나 '다음'으로 미루게 되었다. '다음에 하자'라고 결심한 것들은 영원히 못하게 되는 경우가 많았다. 아니야. 이제는 그렇게 살고 싶지 않아. 하고 싶은 것은 미루지 말고 다 해보자. '지금, 여기'를 누려보자. 뉴욕에 있었던 1년간 내가 세운 목표였다."

- 곽아람 『나의 뉴욕 수업』

결국 자녀에 대한 교육관은 어떻게 살 것인가?라는 대전제와 만나는게 아닐까? 아이에 관한 문제가 아닌, 내 문제로 환원되고 만다. 마음이 이끌리는 대로 하고 싶은 것은 어떻게든 해내며 욕망에 따라 솔직하게 살아가고 싶다. 성장을 향해 성실하고 치열하게 사는 것은 삶에 대한 기본적인 태도일 것이다. '진실한 마음'과 '열심'이 불화없이 힘을 합하는 삶이고 싶다.

여행을 대하는 자세도 삶을 대하는 태도와 비슷한지 모르겠다. 나는 여행에 앞서 비행기표와 초반에 지낼 호텔만을 예약하고 모든 가능성을 열어두는 편이다. 활짝…. 여행을 앞두고 여행지 정보를 수집하는 것이 아니라 마음이 끌리는대로 에세이를 읽고 있는 사람이다. 느긋….

어떻게든 원하는 대로 된다! 고 대책 없이 믿어버리는 엄마. 나이 40에 타투를 하고, 생소하고도 특별한 악기인 해금연주가이며, 조그만 독립서점을 여는 엄마. 같이 다니면 누나랑 같이 왔어~? 라고 묻는 사람들도 종종 있으니. 아들은 스스로 방향키를 꼭 쥐고자 하는지도 모르겠다.

이미 시작된 여행은 마음 속에 띄엄띄엄 떠올린 곳을 향해 나아간다. 여행 일정은 채워지고 있고, 기차표와 호텔 예약도 이제야 모두 완료되었다. 13일의 여정 동안 우리는 활짝 열린 마음으로 맨해튼과 보스턴, 캠브리지와 뉴헤이븐 그리고 퀸즈를 오갈 것이다. MIT와 하버드 대학교와 예일대학교를 구경할 것이고 뉴욕의 여러 미술관과 명소들을 탐험할 것이다. 마음이 끌리는 대로 치열하게, 지금 이 순간을 즐기기!

MOMA 그리고 환기

출국하며 챙긴 책은 곽아람의 『나의 뉴욕 수업』과 더불어 김환기 『Whanki in New York』이다. 김환기의 생애와 영혼의 동반자인 김향안과 남긴 편지를 담은 책 『우리들의 파리가 생각나요』(정현주 著)를 좋아한다. 예술가들의 전기나 서간집은 언제나 흥미롭다. 작품으로 드러나지 않은 내밀한 사생활과 작품 이면의 이야기들이 듬뿍 담겨있기 때문이다. 미술가 김환기, 작곡가 윤이상의 서간집을 인상 깊게 읽었다. 한국을 대표할만한 두 거장은 공통적으로 부부지간의 연이 깊다. 그들이 예술세계를 구축하는데 아내인 김향안, 이수자 여사의 프로페셔널한 조력과 극진한 정성과 빛나는 지성이 뒷받침 되었음을 알게 된다.

김환기는 파리-서울을 오가다 마침내 자신만의 예술세계를 찾기 위해 홍익대 교수 자리를 박차고 뉴욕으로 떠난다. 김향안. 그 조그만 여자는 서울에서 무슨 수로 환기의 생활비를 만들어 보냈을까? 예술가보다 더 지독한 근성의 동반자를 만난 덕분에 환기는 뉴욕에서 작업을 이어나간다.

"고생하며 예술을 지속한다는 것은 예술로 살 수 있는 날이 있을 것을 믿기 때문이다. 고생이 무서워 예술을 정지하고, 살기 위해 딴일을 하다가 다시 예술로 정진이 될 것인가.(…) 내 자산은 오직 '자신' 뿐이었으나 갈수록 막막한 고생이었다. 이제 이 자신이 똑바로 섰다. 한눈팔지 말고 나는 내 일을 밀고 나가자. 그 길 밖에 없다. 이 순간부터 막막한 생각이 무너지고 진실로 희망으로 가득 차다. (…) 예술은 절박한 상태에서 만들어진다. (…) 예술은 하나의 발견이다. 피카소가 이 생각에 도달했다는 것은 참 용한 일이다. 그렇다. 찾는 사람에게 발견이 있다. 일을 지속한다는 것은 찾고 있는거다. (…) 종일 화폭 속틀 두 개 만드니 지쳐 버린다. 밤엔 우울한 심정. 미술의 밀림에 투족한지 오래다. 이대로 죽어도 좋다. 꿈을 이루고 귀국해야지."

- 김환기, 『Whanki in New York』

맨해튼 한복판. 우리가 지내는 MOXY호텔은 방에 트렁크 두 개를 펼치니 발 디딜 틈이 없을 정도로 조그맣다. 호텔의 컨셉은 재치있고 뉴욕다운 흥겨운 분위기가 감돈다. <MOMA>는 호텔에서 도보 15분 거리다. 올해 LA에서 구경갔던 <THE BROAD> 미술관도 보다 지칠 정도로 커다란 규모를 자랑했는데 <MOMA>도 그렇다. 저층엔 현존하는 작가들의 최신작들이 걸려있는 편이고 위로 올라갈수록 오래된 미술들이다. 이 많은 작품을 보고 있노라니 작품의 기세에 현기증이 날것 같다.

MOMA가 자랑하는 고흐의 <별이 빛나는 밤에>와 피카소의 <여인들>, 앙리 마티스의 <춤>과 같은 대작 앞에 섰다. 이 작품들이 나오기까지 그들은 얼마나 많은 시도를 했을까? 얼마나 많은 실패를 거듭했을까? 많은 작품을 쉬지 않고 그렸을 것이다. 갈지자로 걸으며 길을 더듬었을 것이다. 여러 작품을 보다보면 이 작가가 이런 화풍으로 그림을 그렸단 말이야? 라고 놀라게 될 때가 있다. 한 예술가의 대표작 뒤에는 수없이 많은 비대표작 혹은 실패작이라 불릴 만한 것들이 켜켜이 쌓여있음을 알게 된다.

"Matisse(Gallery)에 들러 미로(Miro)의 꼼꼼한 다작에 다소 감동되었다. 많은 일을 한다는 것, 그것이 가장 중요한 일이다.(…) 백남준 개전 보고, 또 뒤뷔페(Dubuffet) 조각을 보다. 감탄하다. Dubuffet의 많은 일(작업), 가장 많이 일하는 작가다.(…) 아침 10시 사진사 오다. 오후 2시에 끝나다. 모두 40폭 찍다. 이런 정도의 작품 생산 가지고는 말이 안된다. 좀 더 애써야지."

- 김환기, 『Whanki in New York』

멀리 고흐, 피카소, 마티스, 환기와 같은 작가들까지 가지 않더라도 내가 사랑하는 노석미 역시 다산의 작가이다. 회화, 그림책, 에세이 작가이도 한 노석미. 그녀의 작품집을 가지고 서점 <해금서가>에서 <노석미 특별전>을 열었다. 조그만 책 전시회였다. 노석미의 모든 도록과 그림책을 구비하고 그녀의 발자취를 들여다본다. 도록의 권수와 작품의 편수가 놀랍도록 많다. 이 작업을 모두 해내려면 매일 진종일 그림만 그렸겠구나 싶다. 일단은 양이다. 그 양이 임계점에 도달하면 자연스럽게 질적 성장과 스타일의 확립으로 이어진다.

예술가로서 나는 매일을 어떻게 채워나가야 할까? 올해로 솔리스트 데뷔 10주년을 맞이했다. 그래서일까? 새로운 각오로 일상을 재정립 해나가고 있다. 지난 10년간 아이를 양육하며 음반 작업과 공연활동을 해왔다. 학교에서는 강의를, 집에서는 입시레슨을 하며 수업에 쏟는 시간이 많았다. 어쩌면 음악 작업을 하는 시간보다 가르치는 시간이 더 많았던 십년이었는지 모르겠다. 앞으로의 10년, 그 후의 10년, 그 다음 10년 또한 환기가 말하는 일=예술작업으로 나의 시간을 채워가고 싶다. 후회없이 전념하고 싶다고 되뇌이며 <MOMA>를 나섰다.

> "자신을 가질 수 있는 공부를 하라.
> 그리고 자신을 가져라. 용감하라."

- 김환기, 『Whanki in New York』

Finding My Little Boy

뉴욕은 처음이지만 기대 이상의 모습이다. 뉴욕에서 흔히 볼 수 있는 건축 양식은 브라운톤의 벽돌로 하단을 쌓고, 층층이 올라갈수록 베이지톤의 돌이나 화려하게 빛나는 유리 소재로 건물을 높이 지어올리는 것이다. 엠파이어스테이트 빌딩과 어깨를 나란히 하거나 그 키를 훨씬 넘어서는 초고층 빌딩들이 거대한 스카이라인을 이룬다. 미래적이면서도 클래식한 멋을 지닌 건축물로 빌딩숲을 이룬 뉴욕은 도시 자체로 패셔너블하다. 찬란한 지구의 수도, 21세기 마천루가 바로 여기다.

이번 여행은 아들의, 아들을 위한, 아들에 의한 것이란걸 잊지 말자. 출국 전 아들과 여행을 준비하는 마음으로 뉴욕을 배경으로 하는 애니메이션 <마이 펫의 이중생활>을 봤다. <해금서가>에 스마트빔을 설치하고 과자를 잔뜩 사다두고 영화 파티를 하는 밤이었다. 두 번째 준비로 긴 비행을 위해 아들에게 닌텐도 NBA 게임칩을 선물했다. 닌텐도로 접한 NBA지만 프리미어 리그의 축구팬이던 아들은 NBA의 농구팬이 되어버렸다. 뉴욕에 도착한 다음날 아침부터 하루 3만보에 가까운 파워 워킹으로 맨해튼 구경을 다녔는데, 첫 행선지는 아들이 오매불망 기다린 <NBA스토어>다. <NBA스토어> 옆에는 아들이 좋아하는 아디다스, 나이키 매장도 있으니 그곳도 열심히 돌아보았다.

시차적응에 실패해 헤롱헤롱한 가운데 뉴욕 곳곳을 부지런히 걸으며 전체적인 지리를 이해하기 시작했다. 쇼핑으로 유명한 5thAvenue, MOMA, Central Park, 아들이 사랑하는 영화 <나홀로 뉴욕에>의 배경이 된 Plaza Hotel까지! (아들은 유아였을 때 영화 속 주인공 Kevin역을 맡은 맥컬리 컬킨을 닮았다는 말을 종종 들었기에 영어 이름이 Kevin이 되었다.) 해가 지고 호텔로 돌아와 저녁을 먹었다. 우리가 묵고 있는 호텔 Moxy는 트렁크 두 개를 펼치면 발 디딜틈이 없지만 매트리스와 침구만큼은 5성급 호텔 같았다. 침구와 위치가 다 하는 호텔이기도 하지만 입점해 있는 카페와 레스토랑의 느낌도 좋았다. 굴요리, 스테이크, 시원한 에일 맥주를 시켜놓고 신나는 만찬을 즐겼다. 레스토랑의 흥겨운 분위기와 시원하게 들이킨 미국 맥주의 맛에 힘입어 타임스퀘어로 나갔다. 타임스퀘어에 번쩍이는 거대한 전광판. 여러 도시에서 모인 다양한 인종들. 인파의 최절정을 배경으로 빨강드레스를 입고 전통춤을 추며 유튜브 촬영을 하는 댄서. 칙칙폭폭 기차놀이를 하듯 줄 서서 걸어야 할 만큼 군중으로 가득하고 시끌벅적한 분위기 속에 판토마임 퍼포먼스를 벌이는 무명의 배우까지 뉴욕의 주말 밤은 광란 그 자체다.

호객 행위에 힘입어 즉흥적으로 나이트투어 버스를 탔다. 버스는 타임스퀘어에서 출발해 맨해튼 곳곳을 돌았다. 미국드라마 <Sex and the City>의 배경이 된 그리니치 빌리지, 빌딩숲의 많은 지분을 차지했던 NYU 건물들, 코리아타운과 차이나타운을 지났다. 차가운 가을바람을 맞으며 맨해튼브릿지를 건너고, 브루클린의 덤보까지 이르렀다.『나의 뉴욕 수업』에 나온 장소와 지명과 에피소드들이 머리를 스친다. 이래서 스토리텔링

이 중요하구나. 머리가 아닌 가슴에 어떤 느낌을 남긴 것들은 기억에 남게 마련이니까. 인생을 꼭 가이드북처럼 살지 않아도 괜찮다. 자유로운 산문처럼 살자. 여행 전 가이드북을 읽지 않은 나를 탓하지 않기로 했다.

뉴욕 주말 밤의 열기는 대단했다. LA에서 총기 사고가 흔하다 하여 해가 떨어지면 우린 숙소 밖으로 한 발자국도 나가지 않았지만, 맨해튼 한복판은 오히려 안전하다는 말에 자정을 넘긴 새벽 1시가 되어서야 호텔로 돌아왔다. 호텔로 돌아오는 길, 온몸이 상처투성이로 약에 취해 거리 한복판에서 마귀가 씌인 듯 날뛰는 마약 중독자, 대마초에 쩔은 노숙자들이 보인다. 아들과 눈을 질끈 감고 후다다다닷 뛰었다. 엄청난 높이의 휘황한 건물들이 여전히 번쩍거린다. 새벽까지도 흥겨움이 가실줄 모르는 도시, 뉴욕. 이 시간에도 새로운 게스트들이 체크인을 하느라 북적북적 한 호텔 로비가 보인다. Check in이라고 불을 밝힌 핑크빛 네온사인이 우리를 맞이한다. 무사히 도착했다.

아들은 고심 끝에 <NBA스토어>에서 농구공을 사기로 결심했다. 체크아웃을 하고 보스턴으로 떠나야 하는 날 아침이기에 마음이 분주했지만 아들에게는 무엇보다 중요한 일이다. 나로서도 아이에게 농구공을 안겨주면 친구도 척척 사귈 것이고, 운동하며 친구와 노는 아들 곁에서 글을 쓸 수 있는 시간을 벌 수 있을 거라는 계산이다. LA에서도 베니스비치에서 큰맘 먹고 산 스케이트보드가 좋은 친구가 되어 주었다. 악기와 트렁크를 싸들고 이동해야 하는 가운데 스케이드보드가 짐스럽기도 했지만 아들은 어딜가든 스케이트보드를 탔고, 스케이트보드라는 새로운 세계에 푹 빠져 행복감을 느끼는 것 같았다. 뉴욕의 농구공도 분명 그럴 것이다. 농구공이 뉴욕 여행 중 신의 한수가 될 것을 믿으며!

5th Avenue로 빠르게 걸어갔다. 사고자 했던 농구공은 37불, 다시 보니 더 마음에 드는 농구공은 57불. 아들은 망설이고 있다. "아들, 가장 마음에 드는 걸로 골라!" 나는 쿨한 척 말한다. 아들은 뛸듯이 기뻐하며 농구공을 품에 안았다. 돌아오는 길은 폴란드 국경일 행사로 도보마다 바리케이트를 쳐놓았다. 호텔에 체크아웃 시간보다 늦게 도착할 것 같아 마음이 급해졌다. 바리케이트들을 피해 걷다 뛰다 하니 체크아웃 시간을 넘기고 호텔에 도착하고 말았다.

체크아웃 후 보스턴까지 다섯 시간 동안 버스를 타고 이동해야 한다. 아들은 차 멀미가 심하다. 아직 멀미약을 사지 못했고, 버스 출발 시간은 다가오고 있다. 미국에서 처음 타보는 버스다. 가는 길이 어떨지 몰라 초조한 상태인데다 시간의 압박에 마음이 급해졌다. 호텔방으로 뛰어 들어가서 악기와 두 개의 트렁크, 두 개의 배낭, 두 개의 목베개, 귀찮을 줄 알았지만 훨씬 귀찮아져버린 커다란 농구공까지 급히 챙겨 나왔다. 콩알만 한 방 한 칸은 살인적인 뉴욕 물가에 비례했는데, 레이트 체크아웃 비용까지 내면 억울할 것 같아 예민해진다. 이런 상태에서 나는 상당히 악랄한 엄마로 변신한다.

아들에게 짜증 섞인 말투로 명령했다.

"엄마는 체크아웃 하고 있을 테니까, 아들은 호텔 앞에 있는 약국에 가서 멀미약 사와. 그 사이 엄마는 짐 보면서 리프트를 불러놓고 로비에서 기다리고 있을 테니까. 할 수 있지?"

아들은 망설이며,
"엄마 같이 가면 안될까? 아니면 리프트 타고 편의점 앞에서 내려주면 내가 사오는건 어떨까?" 라고 한다.

"다녀와 봐, 할 수 있어. 바로 앞인데 뭐 어때." 라고 귀찮은 듯 대답하고는 아들에게 카드 한 장을 쥐어 주었다.

아들은 살짝 긴장한채로 호텔 앞으로 나간다. "저기, 저기 보이지? CVS 라고 써있는 곳. 이렇게 건너고 저렇게 건너간 후 직진하란 말이야. 멀미는 찾아보니까 영어로 Car sickness야. 알았지?" 하고 등을 두드려 보낸다. 호텔 앞까지 나가서 길을 알려주고 돌아가려고 보니 아들은 다른 쪽 횡단보도로 뛰어가고 있다.

"아들! 거기가 아니고 이쪽!" 하고 극악스럽게 소리를 질렀다. 아들은 내가 호통치는 소리에 놀라 기가 죽은 듯 하다.

"아, 잘못 봤어. 횡단보도를…." 그러고는 다시 방향을 틀어 간다.

나는 호텔로 급히 뛰어들어가서 체크아웃을 하고 리프트를 불렀다. 정신을 차리고 보니, 아이가 호텔로 잘 돌아올 수 있을까? 라는 생각이 스치며 순간 식은땀이 났다. 2, 300 미터 거리지만 충분히 헷갈릴 수 있어. 나와서 방향을 잘못 찾을 수도 있고. 오 마이 갓! 뉴욕 한복판에서 아이를 못 찾으면 어떡하지?! 라는 공포가 밀려왔다.

아들을 찾으러 약국으로 뛰어나가려고 했는데, 짐이 많다. 버스 출발시간을 생각하니 리프트 기사에게 짐을 맡기는 편이 낫겠다고 판단했다. 기사와 함께 트렁크에 짐을 실으며 나는 바들바들 떨리는 목소리로 말했다.

"마이 보이…마이 보이….오버 데어!"
"왓?!"
"마이 보이…. 고잉 투 파머시 겟 투 메디슨. 벗…이프…이프 히쿠든 컴 히어…이프….히 캔트 파인드 미….니웨이, 웨이러미 닛…쏘리…!"

하고 나는 울면서 약국을 향해 뛰어갔다.

다리가 후들후들 떨렸다. 아이가 약국에 없으면? 아이와 길이 엇갈리면? 뉴욕 한복판에서, 그렇게 신나고 들떠서 온 여행에서 아이를 잃어버리면? 콧잔등이 따갑고 눈매가 매워진다. 오금이 저리고 머리가 새하얘진 채로 미친 사람처럼 뛰었다.

그 와중에 와...악기랑 트렁크에 들어있는 현금, 맥북, 다 들고 저 기사양반 튀면 어떡하지? 라는 생각도 스쳤다. 아들이 그렇게 좋아하던 영화 <나홀로 뉴욕에>에서 뉴욕 한복판에서 케빈을 잃어버린 엄마의 절규와 혼절이 떠올랐다. 아이를 혼자 보낸 나 자신을 찢고 싶다. 백 만 가지 생각이 나를 마구 때리며 지나갔다.

CVS는 생각보다 규모가 커서 없는 정신에 출입문을 찾기도 어려웠다. 어디야, 어디야, 문 어딨어…흐흑흑 이렇게 출입구를 더듬다가, 문을 발견하고 박차고 들어갔다. 하아! 매장이 생각보다 너무 넓다! 여기서 아이를 찾을 수 있을까? 아이가 나갔을까? 둘러보니 바로 옆에 빨간 유니폼을 입은 흑인 여직원이 출입문과 계산대 사이에 서 있다.

"마이 보이…마이 썬…흑흑…마이 보이 커밍 히어? 오어 히 이즈 낫 히어? 히 고잉 아웃…? 훌쩍 훌쩍…유 쏘우 힘?! 흑흑…."

울며 말하는 나를 보고 놀란 빨간 유니폼의 직원은 짐짓 침착한 척을 하며 자신의 가슴팍 쯤 손을 갖다 대며, "리틀보이? 요만한 리틀보이…?" 라고 묻는다. "예쓰… 슈어….메이비 롸잇…흑흑."

그녀는 무전을 친다. "유 노우 웨어 히 이즈, 예쓰…더 리틀보이…히 워스 히어 롸잇? 오예 오케이." 하더니 그녀는 손짓한다.

"히 이즈 오버데어."

"왓?!" 하고 쇼케이스 뒤로 돌아가니 아들은 멀미약을 계산하고 있다. 아들은 땀을 뻘뻘 흘리고 있었다. "도현아!! 엄마 너무 놀랐어, 괜찮아? 왜 이렇게 땀을 흘렸어? 도현이도 무섭고 놀랐어?"라며 울며 물었다. 아이를 진정 시키려고 토닥이고 땀을 닦아 주었더니 아들은 "왜? 우리 늦었어? 멀미약 사려고 가져가니까 유통기한이 지나서 아줌마가 새거로 갖다 준다고 창고까지 갖다 와서 늦어졌어. 리프트는 왔어?"라고 묻는다. "응. 리프트 왔어. 우리 아들 땀은 왜 이렇게 흘렸어? 괜찮아?"라고 물으니 "그냥, 더워."라고 한다.

사실 더운 건 나다. 진정해야 하는 것도 나다. 나는 훌쩍거리며 아들을 품에 안았다. "엄마 너무 놀랐어. 우리 도현이 뉴욕에서 잃어버리는 줄 알았어. 엄마가 미안해. 아까 짜증내서. 그리고 우리 아들 혼자 보내서 미안해."라고 하니 아들은 침착하게 말한다. "엄마, 그냥 호텔에 있지, 엇갈리면 어떡해? 나 혼자 찾아갈 수 있는데…."

그러게, 정신을 차리고 보니 그렇다. 아들은 영어도 할 줄 알고, 내 전화번호도 알고 있다. 호텔 이름이 Moxy인 것도 안다. 이젠 더 이상 아기가 아니다. 10대가 되어 먼 도서관까지도 혼자 다닐 정도의 지력이 있는 어엿한 '사람'이다. 나는 왜 그렇게 혼비백산, 그야말로 혼이 나갈 정도로 놀랐을까? 아이를 잃어 버릴지도 모른다는 공포는 꽤나 오랫동안 내 곁을 맴돈다.

아이와 헤어져 있던 1년. 세상에서 가장 고통스러웠던 시간이 나에게는 아픔으로 남아 종종 망령처럼 악몽을 꾸게 하는 것인지도 모른다.

보스턴으로 가는 버스는 각종 인종의 냄새로 자욱했다. 바닥과 창틀에 앉은 먼지와 오래된 시트에 비위가 상했다. 이 싸구려 버스에서 5시간을 버텨야 하지만. 이게 뭐 별건가? 그냥, 모든 게 좋다. 아이와 무사히 함께 할 수 있는 이 시간 자체로 모든 게 더할 나위 없이 좋다. 아이와 나는 멀미약을 삼켰고 서로에게 기대어 깊은 잠을 잤다.

눈을 떠보니 보스턴이다! 새로운 여행의 시작이다.

나와 너의 행복감에 대하여

아이가 2학년 때였던가, 학교에서 시험을 보고 돌아와서 조용히 묻는다.

"엄마는 내가 시험을 몇점까지 맞으면 괜찮을거 같아?"
"엄마? …빵점! 엄마는 도현이 시험점수 상관 없는데?!"라고 대답했다.
"(조금 당황하더니) 엄마, 나 85점 받았어…." 하며 아이가 울먹인다."
"잘했는데 왜 울어?"
"……!"

아이는 시험 점수에 관심이 많은 편이다. 나는 헐렝이 엄마로 공부를 잘해주면 고맙고 아니어도 상관없다는 마음이다. 자신이 사랑할 수 있는 일을 찾기만 한다면 절실한 마음으로 전력투구할 수 있는 잠재력이 누구에게나 있다고 믿기 때문이다. 절실함에 타인의 강압은 통하지 않는다. 스스로 동기를 찾는 것만이 답이다. 백문이 불여일견! 삶에 대한, 공부에 대한 동기를 찾아 떠난 여행이다. 보스턴에서는 어떤 일들이 펼쳐질까?

화려하고 시끌벅적한 뉴욕 맨해튼을 떠나왔다. 긴 시간 버스를 타고 보스턴에 도착했다. 한적함과 여유가 느껴진다. 이제 본격적으로 아이비리그 투어를 할 예정이다. JFK공항에서 만난 '분당 타이거맘'이 팁을 준 것이 학교 홈페이지를 통해 신청하면 학교 공식 무료 투어를 할 수 있다는 것이다. 헐랭이 엄마인 나는 여행앱이나 뒤지며 유료 학교 투어를 알아보고 있던 차였으니. 나는 부랴부랴 MIT와 Harvard 투어를 신청했다.

아들과 나는 도서관에서 온전한 평화를 느끼는 편이다. 동네에 새로 개관한 <방배숲환경도서관>, 한옥으로 지어진 <청운문학도서관>, 아들이 기저귀 차고 기어다니던 시절부터 다니던 <반포도서관>, 신라호텔보다 반얀트리호텔보다 근사한 뷰를 자랑하는 <남산도서관>, 어린이책 컬렉션 최고봉 <국립어린이청소년도서관>, 캠핑 컨셉과 우아한 서재의 모습을 두루 갖추고 있으며 도서관 바로 앞에는 놀이터와 운동장이 있는 <손기정도서관>. 우리에게 집 다음으로 편안한 곳이 도서관일 것이다. 우리는 시간이 나는대로 도서관으로 향한다. 책 앞에 평화와 진리 있으리. 그렇다. 나는 도서관 예찬론자다. 대한민국의 시민으로 누구보다 치열하게 도서관을 즐기고 싶다. 이번 여행에서는 세계시민으로서 각 도시의 다양한 도서관을 경험해보고자 했다.

MIT 투어를 앞두고 <보스턴 공립도서관>을 찾았다. 도서관 앞 길은 깨끗하게 정돈되어 있었고 거리 풍경은 보스턴의 수준이란 이런 것이구나 짐작케 했다. 싱싱한 가로수와 청량한 공기 뿐 아니라 시민들의 건강함과 준수함 같은 것들이 거리를 빛나게 하고 있었다. 도서관 문을 열고 들어갔다. 붉은톤의 벽으로 사방이 둘러싸인 도서관은 웅장하고 근사했다. 아들과 나는 일층부터 차례로 층계를 올랐다. 아들은 농구에 관한 책들을 찾아보기 시작했고, 나는 가장 마음에 드는 자리를 골라 앉아 글을 쓴다. 고개를 들면 벽 전체를 거대한 둥근 반원으로 가로지른 아름다운 아치형 창문이, 창밖으로는 보스턴의 정연한 건물들이 아름답다. 우아한 도서관에 앉아 글을 쓰고 있자니 행복감이 밀려온다. 그것도 잠시. 글 쓸만한 리듬에 올라타면 아들의 요청에 노트북을 덮고 일어나야 한다. 밍기적, 밍기적, 아쉽지만 일어선다.

아들은 몸이 근질근질한 것이다. 몸에 새겨진 운동시계가 그를 재촉한다. 운동 마렵다! 그는 자전거가 타고 싶다고 한다. 도서관 바로 앞에 블루바이크라는 공공 전기자전거가 있다. 앱을 깔고 자전거를 뽑아서 타면 된다. 낯선 곳에서 새로운 방법을 익히는 것은 언제나 긴장되고 주의를 기울여야 하지만 새로운 자극을 위해 여행을 떠난 것이 아닌가! 자전거와 옥신각신 씨름을 한 후 어렵게 홀더로부터 자전거를 분리해냈다.

긴 시간 버스를 타고 낯선 곳으로 이동했기에 여독이 남아 있는데다 시차 적응도 완벽하지 않은 상태라 피곤했다. 자전거 페달을 밟기 시작하니 피로는 날아가고 그 자리에 새로운 호흡과 희열이 들어찬다. 보스턴은 품위 있고 지적인 도시다. 차분한 지성과 탄탄한 자본력을 갖춘 도시. 그 증거는 도시를 이루는 주택에서, 상점에서, 사람들의 옷매무새와 표정과 태도에서 드러난다. 햇살은 따사롭고, 바람은 쾌청하다. 자전거를 타기에 더할 나위 없이, 여행하기에 최고의 날씨다. 페달을 밟아 나아가니 어느덧 푸른 찰스강을 건너고 있다. 난 이 도시와 사랑에 빠질 예정이다!

MIT에 당도했다. 최신식의 모던한 건물들이 각을 잡고 서있다. 공과대학이 주를 이루기에 딱딱함과 차가움도 느껴진다. 학교 공식 투어에 참여하는 사람들은 한 타임에 70여명쯤 된다. 첫 30분은 입학설명회 같은 형식이다. 애석하게도 대부분 알아듣지 못했지만. MIT 졸업생의 50프로 정도는 학부 졸업 후 바로 취업을 하는데 이들의 1년 차 평균 연봉이 1억 5천에 달한다는 점에 놀랐다. 당연한가? 음대를 나온 나로서는 기절할 일이다.

나머지 1시간 정도는 조를 나누어 MIT 재학생들이 학교 곳곳을 가이드한다. 우리 조는 핑크색 스포츠머리를 한 펑크족 같은 컴퓨터공학과 여학생이 담당했다. 그녀는 말이 몹시 빨랐다. 속사포로 말을 늘어놓고는 바로 이어 "Any Question?" 하고 질문을 던진다. 질문이 없기를 기다렸다는 듯 1초 만에 "Cool~." 하고는 다음 장소로 빠르게 발걸음을 옮기곤 했다. 투어의 정점은 찰스강에 둘러쌓인 캠퍼스를 바라보는 것이었다. MIT를 상징하는 그리스풍 돔형식의 건축물과 넓게 펼쳐진 싱그런 잔디밭은 세계의 천재들이 모이는 장소만이 가질 수 있는 특별한 아우라에 둘러싸여 있다.

그럼에도 MIT 투어는 여독과 지루함으로 우리를 지치게 했다. 아이와 MIT에서 돌아온 이후 하버드 공식 학교 투어는 하지 않기로 결정했다. 우리만의 자유로운 여행 스케쥴을 만들어 가기로 했다. 이건 출장이 아니며 여행이다. 나와 아이의 인생을 풍요롭게 해줄 추억의 순간들을 만들어가는 과정이다. 모든 순간이 찬란히 빛나는 행복으로 가득 차도록, 조급해지는 마음을 조절하자고 마음 먹었다. 경험상 느리게 움직이면서 한 곳에 머무르는 것이 좋았다. 아이가 바다에서 노는 것을 바라보며 글을 쓰는 순간은 더할 나위 없이 행복하곤 했다. 그런 기억들을 LA 이곳저곳에 수놓고 돌아왔으니까. 느리게 비워진 순간의 힘을 믿는다. '분당 타이거맘'에게 들키면 혼날 일이지만.

다음날, 하버드에서 가까운 곳으로 숙소를 옮겼다. 하버드 투어를 위한 이동이다. 지난 숙소는 셰라톤그룹의 체인 호텔이었는데, 이번에는 침대와 소박한 조식을 제공하는 B&B 하우스다. 캠브리지에는 어렸을 적 갖고 놀던 미미의 집과 같은 형태의 주택이 많다. 솜사탕 핑크, 스카이 블루, 피스타치오 그린의 사랑스런 파스텔 컬러로 지어진 집들이 사랑스럽다. 작은 정원이 있으며, 벽조명이 양 옆으로 붙어 있는 엔트런스가 있고, 세로형 창문에 근사한 몰딩으로 멋을 낸 2층짜리 목조주택. 우리가 하룻밤 머물 어빙하우스도 이런 집이었다.

체인 호텔은 어느 정도 퀄리티가 보장되는 부분은 있지만 정형성 때문인지 시간이 지나고 나면 그 호텔이 그 호텔같다. 반면 어빙하우스와 같이 개성있는 숙소는 오래도록 기억에 남게 마련이다. 비록 방이 작고, 공용 욕실을 사용해야하고, 엘리베이터가 없어서 트렁크를 고생스럽게 끌고 올라가야하는 불편함이 있더라도. 우리가 지낼 방은 2층에 위치하고 있다. 아늑한 노란 벽지에 붉은 카펫이 깔린 조그만 방이다. 창 밖으로 미미의 집같은 주택들과 단풍이 들기 전의 가을나무들이 보인다. 창문이 없는 호텔보다 환기가 잘 되어 편안하다. <빨강머리 앤>, 앤셜리의 방처럼 소박한 어빙하우스가 마음에 든다.

여유있는 마음으로 캠브리지 탐색에 나섰다. 발길 닿는 곳으로 걷다 보니 <캠브리지 공립도서관>이 나온다. 도서관 앞에는 드넓은 잔디밭이 펼쳐져 있다. 잔디공원에는 담요를 깔고 일광욕을 하거나 샌드위치를 먹으며 망중한을 즐기는 사람들이 한가로이 앉아있다. 아들과 나는 홀린 듯 도서관으로 들어갔다. <캠브리지 도서관>은 유리로 된 책의 성전이다. 도서관은 사방이 통창으로 되어 있는 투명한 건축물이기에 안에서나 밖에서나 서로가 훤히 보인다. 도서관 어디에 눈을 두어도 초록의 잔디공원이 시원하게 보인다. 2층으로 올라가니 도시를 조망할 수 있다. 책 읽는 사람들의 고요한 열정까지 느껴지는 이상적인 도서관. 이 도시에 살아보고 싶다!

화살표를 따라가다보니 새로운 공간이 나온다. 유리로 지어진 도서관은 신관이고 발걸음을 옮긴 이곳은 오래된 성을 개축한 듯한 도서관이다. 돔형식의 천장에는 미켈란젤로가 그렸을법한 성화가 있고 가로등만 한 둥근 조명이 책상마다 불을 밝히고 있다. 클래식과 컨템포러리의 조화가 환상적인 도서관이다. 설레는 마음을 안고 도서관에서 나왔다. 아들은 운동을 해야 할 시간이므로! 아들은 어느새 잔디밭에서 드리블 연습을 하던 대학생 누나를 사귀어 축구를 한다. 나는 벤치에 앉아 노트북을 펼쳐 글을 쓴다. 또 한번 행복감을 누린다. 하버드 공식 투어에 참여했더라면 누리지 못했을 자유다.

우리는 지도를 보며 다시 걷는다. 드디어 Harvard Yard를 향해 나아간다. 하버드는 갈색 벽돌로 지어진 유럽풍의 고전적인 건축물이 주를 이룬다. 캠퍼스 이곳저곳을 쏘다니며 하버드의 정취를 물씬 느낀다. 상상으로 떠올릴만한 영국의 캠브리지나 옥스퍼드대학 혹은 해리포터의 마법학교 같은 느낌으로 가득했다. MIT가 현대와 기술의 결정판이라면 하버드는 유구한 전통을 지키는 장인의 느낌이다.

아들은 걷다 마주친 탁구대를 보고 "엄마, 탁구치자!" 라고 한다. 아들에게는 하버드도, MIT도, 아이비리그도 중요한 것이 아닐지 모른다. 지금 이 순간, 탁구를 치는게 중요하다. 우리는 Harvard Yard 과학관 바로 앞에 있는 탁구대에서 40분 동안 탁구를 쳤다. "엄마, 사실은 탁구 유소년 선수였어. 현정화 수제자, 나야 나." 라는 엄마의 개그에 아들은 크게 웃는다. 아들과 어느 정도 대적할 수 있는 스포츠는 수영 외에 탁구가 유일하달까. 순수하게 즐거운 시간이다. 과학관으로 바삐 발걸음을 옮기는 하버드의 순수한 영혼들도 흐뭇한 웃음으로 모자의 대결을 바라본다. 저만치 깃발을 들고 하버드 공식 투어를 다니는 무리들이 보인다. 곁길로 새도 괜찮다. 우리의 자유 투어에 만족한다.

그새, 해가 기우는 시간이 되었다. 우리는 격렬한 탁구경기를 마친 후 슈퍼에 들러 밴 앤 제리 아이스크림을 샀다. 아들과 나는 도서관 앞 공원에 앉아 아이스크림을 먹고 숙소로 돌아가기로 했다. 벤치 근처에는 강아지와 견주들로 활기가 넘쳤다. 우리가 먹는 밴 앤 제리 아이스크림을 향해 다가오는 강아지들이 있다. "얘는 아이스크림 진짜 좋아해." 라며 강아지 주인이 말한다. 아들은 아이스크림을 좋아하는 강아지 필릭스와 친해져 놀고 구르고 하더니 어느새 <캠브리지 강아지 동호회>의 일원이 되어 있다. 견주 일고여덟 명, 강아지 열댓 마리가 애정 넘치는 화기애애한 분위기를 자아낸다. 대형견, 소형견 할 것 없이 어찌나 사랑을 많이 받고 교육을 잘 받았는지 때깔이 좋고 낯선 우리 앞에서도 싯! 하면 앉고, 파우! 하면 손을 내민다.

여러 도시를 다녀보면 사람과 강아지의 모습은 닮아있곤 했다. 인권의 수준과 동물권의 수준이 일치하는 경우도 많다. 몇 해 전 방문한 포틀랜드에는 유난히 장애견이 많았던 것으로 기억된다. 그 곳은 장애인에 대한 존중과 장애견에 대한 보호가 공존하는 성숙한 도시가 아닐까. 캠브리지의 강아지들은 몸도 마음도 건강하게 느껴진다. 사람을 경계심없이 따르고 좋아한다. 매일 저녁 천국같은 공원에 모여 강아지와 사람이 어울려 한바탕 놀고 들어간다면 사람이건 강아지건 스트레스가 다스려지고, 외로움이 해소되며, 마음이 선해질 것 같다.

나는 중세 시대의 성전 같은 도서관에 앉아 글을 쓴다. 아들은 앤드류라는 8살 짜리 친구를 사귀어 시간 가는 줄 모르고 논다. 아들은 앤드류 손을 잡고 나를 찾아와 환하게 웃고 돌아간다. 캄캄한 밤이 될 때까지 도서관은 불이 밝고, 아이들은 공원과 도서관을 오가며 논다. 멀리서 온 여행자에게도 책상을 내어주고 인류의 유산인 수많은 책을 볼 수 있도록 지원을 아끼지 않는 곳. 도서관이라는 위대한 시스템에 다시금 감동 받는다. 나는 오래된 성전 같은 도서관에 앉아 고대에 존재했던 알렉산드리아 도서관을 떠올려본다. 세상의 모든 책을 구해 필사한 후 도서관에 소장하게 한 알렉산더 대왕의 책에 대한 열정이 전 세계의 도서관에 스며있는지도 모르겠다. <캠브리지 도서관>을 품은 이 마을의 평화와 행복감이 온몸에 감돈다. 천국이 있다면 이런 모습일 것 같다.

<강아지 동호회> 사람들 역시 낯선 여행자인 우리에게 손을 내밀고 따뜻하게 관심을 가져준다. 동호회 발족을 위해 진지한 회의를 겸하는 자리에도 우리를 소외시키지 않았다. 아들은 동호회의 오랜 멤버인 듯 강아지에게 물려줄 나뭇가지를 주우러 다니고, 누들, 개비, 필릭스라는 이름의 강아지들과 이렁저렁 뒤엉켜 논다. 대형견의 훈련 조교 같은 개비와도 친근하게 대화를 나눈다. "엄마 일 때문에 여기 왔어요. 한국에서 왔고 다음 주 목요일에 돌아가요." 이런 이야기를 나누었나 보다. 피비는 나에게 한국을 너무 좋아한다고 한다. 언젠가 한국에 가보고 싶다고 다정하게 말한다. 그녀에게 나는 해금연주가이고, <해금서가>라는 조그만 서점을 운영하는데 북스테이도 운영하

고 있으니 한국에 오면 꼭 연락하라고 했다. 그녀는 나의 유튜브를 구독하며 연락처도 달라고 한다. 매일 밤 모이니 내일도 이곳에서 꼭 만나면 좋겠다는 말과 함께.

우리는 내일 뉴헤이븐으로 떠나지만 캠브리지에서의 따뜻한 밤을 잊지 않을 것이다. **MIT, Harvard** 라는 초일류 대학으로 인해 엄청난 자본력이 뒷받침되는 도시이지만 천박한 자본의 냄새가 아닌 지성의 향기와 학업에 대한 순수한 열기, 따뜻한 인류애가 흐르는 캠브리지. 그곳에서 따뜻했던 밤을 오래도록 기억하고 싶다. 우리에게 예쁜 추억을 안겨준 <캠브리지 강아지 동호회> 파이팅!

자기만의 빛

뉴욕에서 보스턴이 이렇게 멀 줄 몰랐다. 이왕 멀리 온 거 내친 김에 뉴헤이븐이라는 도시에 있는 예일대학교까지 방문하기로 했다. 예일 근처의 호텔을 검색하다 Graduate Hotel을 발견하게 되었다. 캠브리지 어빙하우스가 <빨강머리 앤>의 집처럼 소박한 느낌이라면 뉴헤이븐의 Graduate Hotel은 앤의 단짝인 부자집 딸내미 다이애나의 집을 떠올리게 했다. 화려한 커튼 장식에 톤을 맞춘 벨벳 소파, 기품을 드러내는 책상과 양서가 가득할 것 같은 책장, 따스한 분위기의 패브릭 조명과 커다란 공주 침대까지 갖추고 있는 듯하다. 호텔을 예약하고 다이애나의 집으로 초대받은 기분으로 뉴헤이븐으로 떠났다.

캠브리지를 떠나 보스턴 사우스 스테이션으로 이동한 후 기차에 올라탔다. 뉴욕에서 보스턴으로 이동할 때 탔던 버스보다 훨씬 쾌적했다. 뉴헤이븐 유니언역에 도착했고 멀지 않은 곳에 호텔이 있다. 역에서 호텔로 이동하며 느껴지는 도시의 분위기는 보스턴과 캠브리지에 비교하면 수수하다. 호텔에 도착해 반층 계단을 오르니 로비다. 로비의 중앙을 기준으로 양 옆에 응접실 같은 소파 공간이 있고 안으로 더 걸어들어가면 서재가 있다. 적갈색 나무의 책상과 의자, 책장까지 지적이고 고풍스러운 느낌을 준다. 서재와 로비의 카페에는 예일대 학생들이 공부에 전념하고 있다. 졸업이란 이름값을 하는, 예일 학생들의 졸업을 위한 산파 역할을 하는 도서관 같은 분위기의 호텔이다.

아들과 짐을 옮긴다. 호텔방으로 가는 복도에는 촬영장비로 가득했다. 이 정도 규모의 촬영이라면 호텔에서 무언가 재미난 일이 벌어지고 있음을 짐작할 수 있었다. 뉴욕 여행을 기획하며 <My New York Diary>라는 이름으로 구독자를 모으고 여행기 연재를 비롯한 공약들을 내걸었다. 그중 하나는 여행지를 배경으로 뮤직비디오를 촬영하는 것이다. 영화 <티파니에서 아침을> 에서 오드리 헵번이 Tiffany 매장 앞을 거니는 모습이 나온다. 영화 촬영지가 되었던 맨해튼 티파니 앞을 오드리 헵번처럼 블랙드레스를 입고 거니는 모습을 연출한다면 어떨까? 라는 상상과 함께 <Moon River>를 준비했다. 뮤직비디오에 대한 은근한 압박 때문에 가는 곳마다 촬영 로케이션에 대한 구상을 하곤 했다. 그러던 차에 촬영팀을 목격한 것이다. 눈이 번쩍 뜨인다.

마음이 바빠지기 시작했다. 방으로 짐을 옮긴 후 아들에게 말했다. "저기 촬영팀이 있는 거 같아, 엄마 뮤직비디오 저 사람들이랑 찍으면 좋겠다, 그치?" 밑도 끝도 없이 원하는 바를 말해본다. 아들은 "가서 제안해봐. 촬영해 달라고. 돈 좀 내면 되지 않을까?"라고. "그래? 그럼 엄마가 내려가서 상황을 살피고 돌아올게. 아참. 내려가기 전에 메이크업 좀 하자. 옷도 갈아입고." 많은 짐을 끌고 뉴헤이븐까지 오느라 행색이 초췌하다. 말끔한 모습으로 '미지(未知)의 미팅'을 추진해야 한다. 부지런히 메이크업을 하고 옷을 갈아입은 후 로비로 내려갔다. 자연스러운 척, 두리번댄다. 촬영팀, 어디갔지…? 두리번, 두리번…. 커튼으로 가리워진 서재가 보인다. 젊은 여성이 안으로 쏙 들어갔고 나는 조심스럽게 그 커튼을 열어 보았다. 촬영장비도 있고 촬영을 위한 소품들도 있다.

"들어가도 될까?"
"응, 들어와도 괜찮아. 우리는 촬영하고 있는데, 촬영장비들을 이렇게 늘어 놓았네…. 미안."
"무슨 촬영을 하고 있는 거야?(앗, 그녀는 촬영팀의 일원이란 말인가? 좋았어!)"
"나는 Graduate Hotel의 브랜딩팀에서 일하고 있어. 호텔 홍보를 위한 화보를 촬영하고 있는 중이야."
"아, 그렇구나! 반가워. 나는 한국에서 왔고, 해금연주가야. 내 이름은 천지윤. 해금은 2줄로 된 현악기야. 이렇게…연주하는 악기. 서양의 바이올린이랑 비슷하다고 보면 돼. 나는 유튜브를 위한 뮤직비디오를 촬영할 계획이거든. 혹시 너희 촬영팀과 협업해볼 수 있을까? 나는 내일까지 이 호텔에 머물 예정이거든. 스케쥴이나 페이에 대해 이야기 해 보고 싶은데…."
"뮤지선이구나, 멋있다! 내 이름은 애슐린이야. 우리는 오늘 저녁에 뉴욕으로 떠날 예정이야. Graduate Hotel은 뉴욕에도 있어서 그 곳에서도 촬영을 해야 하거든. 떠나기 전까지는 이곳에서 계속 촬영을 해야 하고. 음…. 일정상 팀과 함께 하는 건 어려울 거 같고. 간단한 촬영이라면 내가 도울 수 있을 거 같은데? 그래서 네가 하려는 게 어떤거야? 대충 말해줄 수 있어?"
"애슐린! 도와주면 고맙지! 문~리버~ 티파니에서 아침을.

영화음악 알지? 음악은 2분 30초 정도고 촬영 시간은 10분 정도면 충분할거 같아. 어때?"

"오, 그래, 그럼 내가 촬영을 도와줄게! 준비하고 내려오려면 얼마나 걸려?"

"5분만 기다려 줘!" 하고 나는 부리나케 방으로 올라갔다.

로비에 악기와 카메라를 들고 내려가니 촬영팀이 다시금 모여 있다. 애슐린은 그 사이 팀원들에게 새로운 친구의 촬영 작업을 도와주기로 했으니 잠시 브레이크 타임을 갖자고 한 듯 하다. 프로페셔널 팀과 촬영 한다면 훨씬 좋은 결과물이 나오겠지만, 마음 비우고 지금 이 순간을 즐기자! 나와 애슐린, 아들과 함께 우리는 한 팀이 되었다. 나는 연주자, 애슐린은 촬영감독, 아들은 어시스트다. 촬영은 시작되었다.

응접실 공간. 청록색 벨벳 소파와 녹색 식물에 오후의 빛이 따사롭게 들어오고 있었다. 맨해튼의 티파니를 배경으로 한 촬영은 아니지만 다이애나의 집에서 열리는 하우스콘서트 라고 생각하자. 촬영팀과 호텔 직원들이 지켜보는 가운데 촬영을 재빠르게 마쳤다. 애슐린에게 고맙단 인사를 전했다. 애슐린도 해맑게 "우리 해냈어!"라며 하이파이브를 한다. 호텔 직원들은 내게 멋졌다며 인사를 건넨다. 짐을 챙긴 후 방으로 올라가려는 차에 애슐린은 조심스레 내게 묻는다.

"혹시, 우리 촬영에 너의 아들 케빈을 모델로 캐스팅 해도 괜찮을까?"

"정말? 좋지! 우리 케빈에게도 재미난 경험이 될거야. 도현아 해 볼래? 어때?"

아들은 담담하게 "응, 해볼게." 라고 승낙한다.

그렇게 아들은 Graduate Hotel의 모델로 데뷔하게 되었다. 호텔의 근사한 로비를 배경으로 프로페셔널 촬영팀과 화보촬영을 하게 되다니! 촬영감독 2명에 스텝 6-7명 정도 되는 프로덕션이다. 아들은 긴장을 할 새도 없이 투입되더니 모델 일을 익숙하게 척척해낸다. 스텝들은 아들에게 귀여운 모자도 씌워 주고, 커다란 매거진을 들고 있게 하며 포즈 디렉션을 준다. 아들은 한쪽 다리를 다른 쪽 다리 위에 척 얹고 능청스러운 연기를 한다. 셔터가 쉴 새 없이 눌린다. 스텝들은 "오우, 수퍼 큐트!", "쏘 큐트." 라며 술렁댄다. 촬영 결과가 만족스런 분위기다. 그들이 건네 준 계약서에 사인을 한 후 난 이 뜻밖의 이벤트에 흥분했다. "우리 도현이 미국에서 모델로 데뷔했어! 근사하고 재미난 일 아니야?" 라고 감탄을 연발한다. 아들은 한 마디 한다. "엄마, 나 배고파…."

애슐린은 나와 케빈에게 고맙다며 엘리베이터까지 와서 배웅을 하며 우리를 호텔에서 열리는 피자파티에 초대했다. 케빈과 나는 호텔펍에 갔고 그곳은 오픈시간부터 시끌벅적했다. 한쪽에서 DJ가 흥겨운 음악을 틀고 있다. 이미 얼굴이 익숙해진 호텔 직원들과 촬영팀 그리고 예일의 학생들로 펍은 북적였다. 아들과 나는 콜라와 맥주로 건배를 한다. 뉴헤이븐에 도착해서 애슐린이라는 천사를 만나 뮤직비디오 숙제를 마쳤고, 아들은 모델로 데뷔했으며, 공짜 피자 파티에도 초대 받았다. New Haven은 'New Heaven'. 우리가 발견한 천국이 아니었을까?

다음날 아침부터 뉴헤이븐, 예일의 거리를 거닐었다. 300년이 넘은 예일 캠퍼스 곳곳은 걷고 또 걸어도 좋을 만한 곳이었다. 오래된 가로수들이 길을 만들고 그 사이로 유럽풍의 사원과 교회당 같은 건물들이 줄지어 들어서있다. 신성해보이는 학교 시설만으로 무해하고 청정한 분위기다. 예일의 서점에 들러 Y가 새겨진 후드티와 럭비공을 샀다. 아들은 뉴욕에서는 농구공을 사더니 이곳에서는 럭비공을 산다. 이 럭비공은 아이를 누구와 연결해 줄까?

아들은 럭비공을 가지고 예일의 널따란 잔디밭에 자리 잡는다. 하버드 후드티를 입고, 예일대 배낭을 맨 아들은 벤치에 가방을 내려놓는다. 조용히 관찰하더니 예일의 형들에게 다가가 같이 놀자고 제안한다. 형들이 하는 원반 던지기에 참여하며 예일의 잔디밭을 누빈다. 수업을 알리는 괘종시계 소리가 웅장하게 울리면 한 무리씩 강의실을 찾아 떠난다. 그러면 아이는 내 곁으로 돌아와 땀을 식힌다. 다시 새로 사귄 형에게 럭비공 던지는 법을 배우고, 덤블링과 탱탱볼을 이용한 공놀이를 하며 시간 가는 줄 모르고 논다.

아들은 럭비공을 품에 안고 이야기 한다. "엄마, 럭비공은 고구마처럼 생겨서 이리저리 날아간다?! 하지만 이렇게 생겼기 때문에 던졌을 때 멀리 날아갈 수 있는거야. 공중에서 럭비공이 가장 멀리 날아갈 수 있대."

나는 생각한다. "아, 공은 꼭 둥글게 생기지 않아도 되는구나. 이렇게 모가 난 공이기 때문에 다른 쓰임을 받고 남다른 포물선을 그리며 멀리 날 수 있는거구나."

출국 전 공항 서점에서 미셸 오바마의 『자기만의 빛』이라는 책을 샀다. 세계적인 베스트셀러를 기록한 『비커밍』에서 들려주지 않았던 이야기. 아버지의 장애에 관한 이야기로 책의 서문은 시작한다. 미셸의 아버지는 그녀가 4-5살 되었을 무렵부터 '다발성 경화증'이라는 병으로 인해 제대로 앉지도 서지도 못하는 삶을 살게 된다.

"장애 때문에 굴욕을 느끼고 마음에 그늘이 져도 거의 내색하지 않았다. 우리가 곁에 없을 때 -시 정수장에서 일할 때든 이발소에 드나들 때든- 아버지가 넘어진 적이 있는지 나는 알지 못한다. 가끔은 그랬을 것이라고 짐작할 뿐이다. 그럼에도 세월은 흘렀다. 아버지는 출근을 하고 퇴근을 했으며 늘 웃고 있었다. 일종의 현실 부정이었을지 모른다. 어쩌면 스스로 선택한 삶의 방침이었을 수도 있다. '넘어지면 일어나서 가던 길을 가면 된다.'라는. 돌이켜보면 아버지의 장애는 내게 남들과는 다른 삶, 통제할 수 없는 것들로 점철된 세상을 헤쳐나가는 일에 대해 일찍부터 중요한 교훈을 가르쳐주었다. (…) 아버지는 매주 일요일이 되면 오빠와 나를 뷰익에 태워 사우스사이드에서 보다 부유한 흑인들이 살고 있는 동네를 구경시켜주면서, 대학 교육을 받으면 삶이 어떻게 달라질지 상상해보길 권했다. 우리가 학교 공부에 전념하고 열린 생각을 가져야 할 이유를 스스로

깨우칠 수 있도록 말이다. 마치 우리를 산기슭으로 데려가 정상을 보여주는 것 같았다. 아버지는 이렇게 말하고 있었다. 나는 못 해도 너희들은 저기 오를 수 있다."

– 미셸 오바마,『자기만의 빛』

미셸은 프린스턴대학교와 하버드 법학대학원을 나온 뒤 변호사로 활동하다 오바마를 만나 미국의 퍼스트레이디가 되었다. 캠퍼스를 바삐 걷고 있는 예일의 학생들도 저마다 자기만의 사연을 품고 있을테다. 미드 <가쉽걸>에 나오는 블레어와 척과 같은 인물처럼 금수저를 물고 태어난 이들도 있을테고, 미셸과 버락처럼 장애인의 자녀로, 부모 없이 자란 고아로, 넘어지고 다시 일어나기를 반복하며 이곳에 온 이들도 있을 것이다.

보스턴과 캠브리지 그리고 뉴헤이븐. 이 캠퍼스도시에는 가는 곳마다 스며있던 공통적인 분위기가 있었다. 지성에 대한 열망 같은 것. 그것을 추구하는 사람들만이 가질 수 있는 자기 자신에 대한 정중함 같은 것. 꿈꾸는 미래를 치열하게 밀고 나아가는 사람들의 눈빛과 몸가짐이 만들어내는 기품 같은 것. 그래서인지 하버드와 MIT, 예일의 곳곳은 내가 살고 싶은, 속하고 싶은 세계처럼 근사한 곳으로 기억된다. 미셸이 말했듯 산기슭에 올라 정상(頂上)을 바라보고 그것을 상상하는 일은 소중하다. 이번 여행의 의미는 바로 이것이 아닐까.

캠퍼스를 거닐며 꿈과 정상에 대해 생각한다. 럭비공처럼 좌충

우돌 한다 해도 내 꿈은 나 스스로 이 생에서 이루어보고 싶다. 나의 꿈을 아들에게 미루거나 강요하고 싶지 않다. 아들은 아들만의 고유한 꿈과 정상을 추구해나가기를 바래본다. 나도, 아들도, 자기만의 빛을 밝히는 인생을 살아가기를 바라는 마음이다.

아들은 몇시간을 뛰어놀아 체력이 모두 소진된 상태라 숙소로 빨리 돌아가자고 성화다. 제발, 이곳만큼은 구경하고 가자고 아들에게 부탁한다. 예일대학교의 BEINECKE RARE BOOK & MANUSCRIPT LIBRARY. 이 도서관은 희귀도서와 고서를 소장한 도서관이다. 책들은 유리관 안에 전시되어 있고 이 귀한 책들에 접근하기 위해서는 예약 절차가 필요하다. 성스럽게 간직된 유리관 안의 희귀 고서들을 찬찬히 살펴보며 생각한다. 한 사람의 일생이 한 권의 책과 같다면 우리 모두는 희귀하고, 드물고, 고유한 '레어북'일 것이다. 희귀하고, 드물고, 고유한 나의 삶, 나의 정상, 나의 꿈에 대해 써내려가기를 주저하지 말자.

Who Knows?

아직 뮤직비디오 숙제가 한 곡 더 남아있다. 곡목은 영화 <Last Exit to Brooklyn>의 수록곡 <Love Idea>로 촬영지는 브루클린이다. 영화 포스터에 등장한 브루클린 브릿지가 장엄하게 보이는 그곳에 가고 싶었지만 찾지 못했다. 아들과 나는 브루클린 공원을 걸으며 촬영 장소 물색에 나섰다. 브루클린 브릿지와 드넓은 강물, 날아다니는 갈매기, 하얀 보트들이 정박된 선착장까지. 이 정도면 괜찮은 촬영스팟이다. 지나다니는 행인이 있기는 하지만 카메라 삼각대를 세운 후 브루클린 다리를 저 멀리 두고 연주를 시작하려 한다. 그때, 젊은 차림을 한 중년의 남자가 멈춰서서 말을 건넨다.

"그 악기가 뭔가요?"

나는 해금이라 답했다. 중년의 남자는 가까이 보니 노인이다. 카메라맨 두 명을 대동해 다니고 있는 것을 보아 중요한 사람일지도 모른다. 그와 대화를 시작하니 카메라맨은 각을 세워 이 갑작스런 만남을 담아내기 시작한다. 그에게 지금 무슨 영상을 촬영하는지 물으니 다큐멘터리 필름을 촬영중이라고 했다.

"당신은 어떤 일을 하는 사람인가요?"라고 묻자 그는 뮤지션이라고 했다. 이어 "I'm very famous musician."이라고 스스로를 설명한다. 촬영의 정황상 그런 것 같기도 했지만 "미안하지만 당신을 몰라서요, 이름이 뭔데요?"라고 물었다.

"Andy Summers 앤디 써머스."

나의 어리둥절한 표정을 보더니 그는 자신에 대한 소개를 본격적으로 시작한다. "나는 재즈 기타리스트인데, 지금 캐나다와 LA 등지에서 투어콘서트를 하고 있어요. 며칠 전 엄청나게 많은 관객 앞에서 공연을 하고 뉴욕으로 넘어왔고요. 이거 한 번 볼래요?" 그는 콘서트 사진과 동영상을 보여준다. 대형 아레나에서 공연을 하는 이 할배는 누구란 말인가? 그는 이어 말한다.

"Police 폴리스라는 락밴드 알아요?"
"당연히 알죠, 폴리스. 레전더리 락밴드."
"아, 나 그 밴드의 기타리스트였어요."

나는 입이 다물어지지 않는다. 세계적인 가수 스팅 Sting의 락밴드 폴리스의 기타리스트가 이 할배란 말인가! 옆에 있던 카메라맨과 매니저는 놀라는 나를 보며 내가 몰래카메라에 걸려든 것인 양 껄껄껄 웃는다. 앤디는 나에게 연주를 부탁했다. 나는 산조 중 자진모리를 슬렁슬렁 연주했다. 앤디는 리듬을 타고 흥얼흥얼 콧노래로 따라 부르며 음악을 듣는다.

"오 대단한 악기군요. 놀랍고 멋져요. 명함있나요?" 하며, 연락처를 달라고 한다. 나는 명함을 꺼내어 앤디와 매니저에게 전달한다. 촬영감독은 이 영상이 다큐에 들어가도 되는지 묻는다. 매니저는 나의 인스타그램 아이디를 알려달라고 한다. "인스타그램 피드에 올릴 때 태그할게!"라는 말과 함께. "나는 지금 월드투어를 하고 있는데, LA에 또 올 계획 있나요? LA에서 같이 연주할 기회가 있으면 좋겠네요. Who Knows?"라며 앤디 일행은 홀연히 자리를 떴다.

이 넓은 땅덩어리에서 폴리스의 기타리스트를 만날 확률은 얼마나 될까? <Every Breath You Take>을 비롯해 수많은 히트곡을 만들어낸 전설적인 락밴드 폴리스. 락에는 문외한이지만 이 세계적인 히트곡만큼은 좋아한다. 내가 사랑하는 버전은 2000년대 초 퍼프 대디가 리메이크 한 <I'll be missing you>. 지금도 <I'll be missing you>의 전주만 들어도 그 시절의 추억이 소환될 만큼 애틋한 노래다. 요즘은 BTS가 이 곡을 리메이크할 정도로 시대를 초월해 사랑받고 있다.

폴리스의 <Every Breath You Take> 뮤직비디오는 11억회의 조회수를 기록하고 있다. 앤디의 유튜브 채널에 들어가보니 그는 여전히 열정적으로 음악활동을 하고 있다. 왕년의 락스타가 아니라 현재 진행형의 뮤지션이다. 1942년생 락스타의 노장투혼, 존경스럽다. 그런 그를 보며 팔순까지 월드투어를 하고 있는 나 자신을 그려본다. 앤디 써머스를 우연히 만난 건 이 길을 향해 계속해서 나아가라는 편지 한 통을 받은 것 같은 기분이다. 앤디 써머스님, 오래오래 건강히 음악활동 하시기를요! 우리 LA에서 꼭 함께 콘서트 해요! Who Knows?

추천사

지윤 씨와 아름다운 해금과 첫 국악 콜라보레이션을 함께 했어요. 코로나 때문에 공연이 한참 없었던 적막기가 있었는데, 지윤 씨가 Youtube 채널 <천지윤의 서재콘서트>를 만들어서 저를 초대해 준 거죠. 지윤 씨는 다양한 무대에서 해금의 아름다움을 더 많은 사람들에게 알리고 있는 너무 멋진 사람이에요. 이 책은 아티스트 천지윤이 음악과 다른 어떤 활동들을 어떻게 함께 연결해 나갔는지 말해주는 책입니다. 지윤 씨는 과장없이 자신의 글과 같은 사람이고 자신이 받아들인 감각을 직접 실행으로 이어 나가는 사람입니다. 같이 음악을 하는 음악가로서도 가까운 동생으로서도 저는 천지윤의 자유로운 동선과 노력을 바라보며 늘 존경하고 있습니다. Let's Get It 천지윤!

- 대니 구 (바이올리니스트, 방송인)

사람에게는 무수히 많은 여러 면들이 존재한다. 그러나 누군가 보아주는 면들은 그 중 몇 개에 불과하다. 우리는 달의 뒷면을 보지 못하고, 하물며 정육면체를 보아도 한 시점에서 3개보다 많은 면들을 보지 못한다. 해금 연주자 천지윤에게도 무대 위에서 음악을 들려줄 때와 다른 여러 삶의 모습들이 존재하고, 이 책은 사람들에게 그 모습들을 들여다 볼 또 다른 시점의 기회를 선물한다. 음악이 뇌와 뇌를 연결하듯, 삶의 여러 모습들도 사람과 사람의 마음을 직관적으로 연결한다. 타인의 삶이지만 그 사이를 거닐어 볼 수 있는 동선을 즐기기를.

- 장동선 (뇌과학자. 『뇌 속에 또다른 뇌가 있다』, 『뇌는 춤추고 싶다』 저자)

"MIT와 하버드가 있는 교육의 도시 보스턴에 갔던 이야기도 있어서 추천사를 요청드린다"는 제안을 받고는 '예쁘고 지혜로운 엄마와 똘똘하고 귀여운 아들의 여행 스토리겠거니' 기대했었다.

10여년 전 유학 시절의 추억을 예술가의 시선을 통해 되살려 봐야지 하고 읽어내려가는데 저자의 말처럼 상상하지 못했던 삶의 정경들이 책장을 넘길 때마다 촘촘하게 펼쳐졌다. 그야말로 단숨에 읽어 내려가졌고 어쩔 수 없이 도중에 멈춰야 할 때는 책을 놓기가 아쉬울 정도였다. 페이지마다 머리로 마음으로 새겨두고 싶은 표현과 문장들이 얼마나 많았던지!

엄마이자 예술가로 10여 년을 살아오면서 꿈을 접고 살아가는 삶 대신 꿈의 트랙을 타고가는 삶에 최선을 다하기 위해 매순간 고군분투해온 저자의 삶의 흔적들이 고스란히 담겨져 묵직하게 전해져 온다. 그래서『직감의 동선』인 걸까? 그저 첫 발을 떼고 따라가기만 하면 되는, 이런 보석 같은 기록이라니! 내친 김에 저자의 전작『단정한 자유』도 어서 읽어봐야겠다.

- 양영은 (KBS 기자,『나를 발견하는 시간 - 하버드 MIT 석학 16인의 강의실 밖 수업』저자)

편집자의 글

제목을 짓는 일은 내가 아닌 이에게도 불릴 이름을 고민하는 일이다. 사실 『직감의 동선』은 『단정한 자유』처럼 틀림이 없이 딱 들어맞게 떠오른 제목은 아니었다. 그러나 여러 번 처음으로 돌아가 생각해도 이 제목이 되는 게 합당했다.

떳떳한 호명이 되려면 미진함이 남지 않아야 했다. 뭔가를 만들기 위해서 계획을 치밀하게 세우는 편보다는 순간의 번뜩임을 놓치지 않으려고 감도를 높이는 편에 가깝다.

이번에 포착한 것은 천지윤 선생님이 '움직인다'는 것이었다. 자신의 직감대로 계속 움직이고 있었다. '직감대로' 라는 말은 '개연성이 없다', '엉뚱하다', '계획적이지 않다,' '즉흥적이다' 라는 말과는 다른 표현이다. 몇 가지의 기행으로는 직감의 특질을 증명할 수 없다. 점 찍힌 반증이 될 수는 있어도 수직선 진술이 될 수는 없다.

나는 천지윤 선생님이 일단 자신의 직감을 들여다 보려고 했기 때문에 결국 자신의 직감을 따를 수 있었다고 말하고 싶다.

의외로 '내 목소리'를 듣는 일이 어렵다. 다른 목소리가 나의 목소리인 줄 알고 착각하는 일이 잦기 때문이다. 이 시대의 어떤 시스템들은 기기묘묘한 형태로, 신기한 기술로 남의 것을 내 것인 것처럼 느끼게 만든다. 남의 취향과 안목마저 내가 소유한 것처럼 느끼게 만들고 그게 내 안에서도 창발될 수 있는 것처럼 여기게 만든다.

천지윤 선생님은 시스템의 함정에 넘어가지 않았다. 자신의 직감이 무엇인지 정밀하게 들여다 보았다. 그리고 자신이 세상에 내어 놓을 수 있는 것이 무엇인지 진실하게 살피려고 했다. 음악을 대하는 꼿꼿한 태도는 물론이고 삶에 대한 태도 또한 그렇게 지니고자 했던 것이다. 그렇기에 편집자로서 제목 속 '직감'이라는 단어를 '그저 마음가는대로', '내키는대로'로 해석하기 보다는 '오랜 수련의 결과'로 보는 게 더 사실에 가깝다는 강조를 하고 싶다.

나는 오랫동안 요직보단 한직을 염원했고, 정면승부보단 측면승부를 선택했다. 항상 더 많은 것들을 보고 싶었으니까 그게 적성에 맞았다. 분야가 아주 다른 이쪽과 저쪽에 발을 걸치고 있으면 신의 눈으로 세상을 조망하는 느낌이 들고 경우의 수가 빠르게 많이 읽히는 것처럼 느껴진다. 다만 이 방식의 단점은 어떤 낮은 가능성도 차마 버리지 못한다는 데에 있다.

가능성이나 자리에 연연하지 않고 자신의 직감과 정면승부하고 있는 천지윤 선생님에게 큰 존경심을 가지고 있다. 천지윤 선생님은 내가 끝내 내려놓지 못할 얇은 가능성을 한겹씩 벗어버리고 저 앞으로 휘적휘적 걸어가고 있다. 글로 쓸 수는 있는데 영영 할 수는 없을 것 같은 일들을 실제로 해 나가는 사람의 글이 이번 책 『직감의 동선』 안에 들어있다.

- 안나 (토일렛프레스 대표 · 편집자)

Chun Ji Yoon's Haegeum Revolution: Beethoven

1. 운명 Fate Symphony No.5 in C minor, Op.67
2. 월광 Moonlight Piano Sonata No.14 in C-sharp minor, Op.27
3. 합창 Choral Symphony No.9 in D minor, Op.125
4. 영웅 Eroica Symphony No.3 in E-flat major, Op.55
5. 엘리제를 위하여 Für Elise Bagatelle No. 25 in A minor, Op.59
6. 비창 Pathetique Piano Sonata No.8 in C minor, Op.13
7. 교향곡 7번 Symphony No.7 in A major, Op.92

천지윤

해금연주가
서래마을 서점 〈해금서가奚琴書架〉 대표

국립국악중학교, 국립국악고등학교 졸업
한국예술종합학교 예술사 및 전문사 (김영재 · 정수년 사사)
이화여자대학교 음악박사

음반
<천지윤의 해금 : 관계항1 : 경기굿>
<관계항2 : 백병동>
<관계항3 : 시(詩)>
<산조와 무악>
<여름은 오래 남아>
<잊었던 마음 그리고 편지>
<비몽사몽>
<천지윤의 해금혁명解禁革命 : 베토벤>

저서
『단정한 자유』(2022)

Youtube Channel
천지윤 & 해금서가

직감의 동선 ⓒ 2024

본 도서는 법에 의하여 대한민국 내에서 보호받는 저작물입니다.
무단 전재 및 재배포를 금합니다.

정가 | 22,000원

초판 발행일 | 2024년 7월 10일
저자 | 천지윤
편집 | 안나 · 정호연
교정 · 교열 | 박현아
인쇄 | 곽민주
펴낸이 | 안나
펴낸곳 | 토일렛프레스
주소 | 서울 종로구 평창동 37번지
홈페이지 | http://toiletpress.com
전자우편 | ceo@toiletpress.com
인스타그램 | www.instagram.com/toiletpress_
ISBN | 979-11-987275-3-4 (03600)

천지윤

해금연주가
서래마을 서점 〈해금서가奚琴書架〉 대표

국립국악중학교, 국립국악고등학교 졸업
한국예술종합학교 예술사 및 전문사 (김영재·정수년 사사)
이화여자대학교 음악박사

음반
<천지윤의 해금 : 관계항1 : 경기굿>
<관계항2 : 백병동>
<관계항3 : 시(詩)>
<산조와 무악>
<여름은 오래 남아>
<잊었던 마음 그리고 편지>
<비몽사몽>
<천지윤의 해금혁명解禁革命 : 베토벤>

저서
『단정한 자유』(2022)

Youtube Channel
천지윤 & 해금서가

표지사진 | 송지욱 (AVENEW)